Inhalt

Ludwig Erhard gewidmet

»Nach meiner Auffassung steckt die Welt voll unermesslicher Chancen, wenn wir sie nur zu nutzen verstehen würden.«

Ludwig Erhard (Wohlstand für Alle, S. 283)

»In dieser Stunde aber geht meine Mahnung an Sie alle, besonders aber an unsere Jugend, in die ich meine ganze Hoffnung setze: den freiheitlich-demokratischen Sinn unseres Staates zu verstehen und sich jeder politischen Selbstzerstörung oder Isolierung leidenschaftlich zu widersetzen.«

Ludwig Erhard (Abschied als Bundeskanzler, Fernsehansprache am 30.11.1966)

»Wer sich über die von Ludwig Erhard zeitlos konzipierte ›Soziale Marktwirtschaft‹ informieren will, erfährt hier seine Ideen aus erster Hand. Die das ganze Buch prägende Autorin Luise Gräfin Schlippenbach war 1948 Pressereferentin bei Ludwig Erhard. Die weiteren Mitwirkenden Günter Ederer, Gottfried Heller, Ulrich Horstmann, Gerald Mann, Stephan Werhahn und Martin Zeil folgen in ihren Beiträgen dieser von ihr vorgezeigten ordnungspolitischen Linie.
Sorgen bereitet den Autoren, dass die ordnungspolitischen Leitlinien Ludwig Erhards seit Jahrzehnten kaum mehr Beachtung finden. So werden Zukunftschancen für die nächsten Generationen verspielt. Die Forderung Ludwig Erhards nach dem »Wohlstand für Alle« ist heute aufs Engste damit verbunden, dass die Soziale Marktwirtschaft und alle ihre Institutionen die Innovationsfähigkeit erhöhen, Innovationstätigkeit ausweiten und nach einer umfassenden und wahren Innovations-Qualität streben. Die vernetzte Welt bietet auch für Europa Lösungen, um die Zukunft wieder auf dem festen Fundament freiheitlicher und demokratischer Werte zu gestalten.«

Werner G. Faix, Gründer und geschäftsführender Direktor sowie Gesellschafter der School of International Business and Entrepreneurship GmbH (SIBE)

Über dieses Buch …

Dieses Buch »*Erhard jetzt!*« will den Leser davon überzeugen, dass die Soziale Marktwirtschaft Erhard'scher Prägung nicht nur nach wie vor aktuell ist. Seine zeitlosen Empfehlungen sind gerade jetzt unseres Erachtens nach aktueller denn je – spätestens aber nach der ungelösten Finanzkrise seit 2007, die zu einer Dauerkrise mit immer umfangreicheren »*Rettungsprogrammen*« und Schuldenlasten der Staaten wird.

… und dessen Mitwirkende

Prof. Dr. Gerald Mann, auch Mitautor dieses Buches, gab hilfreiche Hinweise zur Vita Ludwig Erhards (er zog gänzlich andere Schlüsse aus den Erfahrungen des Ersten Weltkriegs als Adolf Hitler) und zu seiner europapolitischen Sichtweise. Manuela Koller gab wesentliche Anregungen zur Gliederung und Lesbarkeit des Buches. Prof. Eberhard Wolf prägte die optische Gestaltung.

Vorwort

Ludwig Erhard bewies Beharrungsvermögen und Mut, als er im Juni 1948 gegen große Widerstände aus Politik und Wirtschaft die Preis- und Mengenkontrollen in der von Amerikanern und Briten besetzten Zone abschaffte. Es war der Startschuss für die Soziale Marktwirtschaft. Wettbewerb, Freiheit und Verantwortung waren die tragenden Säulen dieses ordnungspolitischen Konzepts, das die Bundesrepublik Deutschland prägte. Was dann folgte, war der Aufstieg aus einer zerbombten Trümmerlandschaft zu einem nie erlebten oder auch nur erhofften Wohlstand. Die Welt sprach vom »Wirtschaftswunder« – ein Begriff, den Erhard nicht gelten lassen wollte, weil »*das, was sich in Deutschland (...) vollzogen hat, alles andere als ein Wunder war. Es war nur die Konsequenz der ehrlichen Anstrengung eines ganzen Volkes, das nach freiheitlichen Prinzipien die Möglichkeit eingeräumt erhalten hat, menschliche Initiative, menschliche Freiheit, menschliche Energien wieder anwenden zu dürfen*«[1].

Ludwig Erhard war eine starke Persönlichkeit und in seiner Wirkung ein Sozialrevolutionär. Seine Politik der Sozialen Marktwirtschaft steht für radikalen Wandel. Aber haben wir heute auch noch so viel Kraft, das Richtige durchzusetzen, auch wenn alle anderen anscheinend das Gegenteil wollen? Befolgen wir seine Rezeptur, nach welcher der Staat sich selbst beschränkt und seinen Bürgern die größtmögliche Freiheit einräumt? Oder finden wir nicht immer wieder neue Gründe für immer tiefer gehende Interventionen, Wettbewerbsbeschränkungen und Bevormundungen, die den Bürger schließlich zum sozialen Untertan machen? Ludwig Erhard sah das Heil nicht in Umverteilung. Nein, sein Ziel war anspruchsvoller: Wirtschaft und Gesellschaft müssten so gestaltet sein, dass niemand gezwungen wäre, bei einem Sozialamt um Hilfe nachzufragen.

Deutschland ist heute so wohlhabend wie nie zuvor, gleichwohl stehen wir vor der großen Herausforderung, die Prinzipien der Sozialen Marktwirtschaft auch in einer digital vernetzten und globalisierten Wirtschaft zu verteidigen. Ludwig Erhard hat gezeigt, wie das gehen könnte: Mit Mut und Optimismus – und im Wissen darum, dass Freiheit, Verantwortung und persönliche Leistungsbereitschaft Fortschritt und Wandel zum Wohle aller vorantreiben.

Roland Tichy

Einführung
(Luise Gräfin v. Schlippenbach)

Der Staat dringt immer tiefer in den Markt und die Privatsphäre der Bürger ein, bedient teure Ansprüche, nicht selten ohne Einkommensbegrenzungen, die den Sozial-Etat unverhältnismäßig aufblähen.

Und dies trotz unüberhörbarer Proteste aus Politik, Wirtschaft und auch der Gewerkschaften.

Vor allem aber werden aus der Jugend kritische Stimmen laut. Denn sie und ihre Nachkommen müssen das alles bezahlen. Heute legalisierte Ansprüche sind Schulden einer ungewissen Zukunft. Diese exorbitanten Belastungen werden noch über Generationen ein selbstbestimmtes Leben unmöglich machen und jede Motivation im Keim ersticken.

Ist das die viel beschworene Generationengerechtigkeit? Ist das noch Soziale Marktwirtschaft? Die Erhard'sche Prägung sicherlich nicht.

Und so stellt sich jetzt die Frage: Hat uns und kommenden Generationen Ludwig Erhard, der nach dem Zweiten Weltkrieg Deutschland aus tiefstem Elend »Wohlstand für Alle« brachte, wieder etwas zu sagen? Ist Erhard wieder aktuell? Braucht **jetzt** die Jugend Erhard?

Luise Gräfin v. Schlippenbach, 2015

Warum dieses Buch aktuell wichtig ist

Neoliberalismus à la Erhard - eine Perspektive für die Jugend (Gerald Mann)

Nicht wenigen Gesprächen mit an sich wirtschaftsliberal gesinnten Zeitgenossen lässt sich eine wohlmeinende Neigung zum Historisieren von Ludwig Erhards Ideen (und auch der seiner Mitstreiter) entnehmen. Das ist bedauerlich. Denn seine Grundaussagen haben doch zeitlosen Charakter. Im Detail mögen zwar z.B. die »Globalisierung« ab den 90er-Jahren oder das Internet ordnungspolitische Entscheidungen erfordern, die Erhard verständlicherweise so noch nicht vorhersehen konnte. Schaut man sich das jedoch genauer an, sollte man auch in diesen Themenfeldern die Grundentscheidungen der Sozialen Marktwirtschaft guten Gewissens beherzigen, wenn man nach den langfristig richtigen Lösungen strebt.

Ferner stellt man bei denjenigen, die Erhard gerne ins Geschichtskabinett abschieben wollen auch fest, dass sie sich - selbst wenn sie sich einen leider oft nur oberflächlichen wirtschaftsliberalen Grundton bewahrt haben - mit der steigenden Staatsquote und dem allgegenwärtigen Interventionismus sowie der damit unweigerlich einhergehenden zunehmenden Fremdbestimmung des Individuums abgefunden haben. Ein solcher »Wirtschaftsliberalismus« ist dann aber nicht einmal mehr ein matter Abglanz der großartigen Ideen der Sozialen Marktwirtschaft.

Ludwig Erhard warnte schon in seinem bekanntesten Werk »Wohlstand für Alle« 1957: »Eine *freiheitliche Wirtschaftsordnung* kann auf die Dauer nur dann bestehen, wenn und solange auch im *sozialen Leben* der Nation ein *Höchstmaß an Freiheit*, an privater Initiative und

Selbstvorsorge gewährleistet ist.« (S. 257) Die auch im vorliegenden Band beschriebenen und kritisierten Entwicklungen des gegenwärtigen Zeitenlaufes zeugen von einem in den vergangenen Jahrzehnten kontinuierlich sinkenden Maß an individueller Freiheit im politischen wie wirtschaftlichen Leben. »Politische Korrektheit« und steigende Staatsquote lassen als Instrument bzw. Gradmesser des Freiheitsabbaus grüßen.

Erhards düstere Zukunftsvision bahnt sich an: »Die wachsende Sozialisierung der Einkommensverwendung, die um sich greifende Kollektivierung der Lebensplanung, die weitgehende Entmündigung des Einzelnen und die zunehmende Abhängigkeit vom Kollektiv oder vom Staat (…) müssen die *Folgen dieses gefährlichen Weges* hin zum Versorgungsstaat sein, an dessen Ende der *soziale Untertan* und die bevormundende Garantierung der materiellen Sicherheit durch einen allmächtigen Staat, aber in gleicher Weise auch die Lähmung des wirtschaftlichen Fortschritts in Freiheit stehen wird.« (S. 263)

Wie bei allen sozialistischen Projekten ist der durch sie eintretende Schaden meist nicht zeitnah spürbar, zumal ein staatlich zwangsverordnetes Papiergeldsystem und überbordende Staatsverschuldung die (unter Umständen jahrzehntelange) Verschiebung in die Zukunft erlauben. Allerdings nicht bis zum Sankt-Nimmerleins-Tag, wie wohl von einigen Verantwortlichen erhofft.

Tragisch ist in diesem Zusammenhang, dass Vertreter der Linkspartei heute Ideen der antisozialistischen Freiburger Schule mit geschicktem politischen Marketing (oder besser: mit geschickter Mimikry?) in Anspruch nehmen, während die »Partei Ludwig Erhards«, die CDU, sich schon seit Ende der 60er-Jahre davon entfernt; dort sei es – so liest und hört man – für Nachwuchspolitiker eher opportun, sich in den Sozialausschüssen zu tummeln als mit der Mittelstandsunion oder dem Wirtschaftsbeirat freiheitliche Ordnungspolitik zu vertreten. Auch die FDP hat vor ihrem Ausscheiden aus dem Deutschen

Bundestag, nicht nur bei der »Euro-Rettung«, kaum durch ordnungspolitische Stringenz zu überzeugen verstanden. Und ob die Alternative für Deutschland (AfD) nachhaltig wirtschaftsliberales Profil entfalten wird, bleibt abzuwarten.

Gerade die nachwachsende, eher apolitische »Generation Merkel«, die jetzt ins Erwachsenenalter eintritt und sich somit politisch artikulieren könnte, bedürfte der Erkenntnis dieser Zusammenhänge. Denn sie trifft die Entwicklung weg von der Sozialen Marktwirtschaft hin zum »Sozialismus light« stärker als die jenseits der Lebensmitte Stehenden, weil die Lähmung des wirtschaftlichen Fortschritts noch nicht sofort, sondern erst in Zukunft den möglichen Wohlstand nachhaltig mindert.

Darin liegt auch das opportunistische Kalkül der Politik weg von der Sozialen Marktwirtschaft hin zu mehr Zentralismus, Umverteilung und Fernsteuerung des Individuums nach dem Motto: »Die Leute merken es ja nicht gleich ...«. Vor einigen Monaten ließ den Verfasser nach einem Seminar über die Soziale Marktwirtschaft einen Teilnehmer wissen: »Jetzt habe ich verstanden, was wir alles zu verlieren haben.« Genau darum geht es.

Wollen die jungen leistungsbereiten Menschen, egal ob mit oder ohne akademische Weihen, nicht ab der Mitte ihres Lebens spürbar Opfer der beschriebenen Entwicklung werden, müssten sie erst einmal diese fatalen Mechanismen erkennen, ihre Folgewirkungen verstehen und sich dann für eine Wiederbelebung der im guten Sinne neoliberalen Ideen Ludwig Erhards einsetzen. Ob das eine freiheitsliebende, dynamische, gut vernetzte und zielstrebige außerparlamentarische Bewegung, eine Art friedliches und zukunftssicherndes Gegenstück zu den 68ern bei gleichzeitiger Ähnlichkeit mit ihnen schaffen könnte? Eine »APO der jungen Leistungsträger«?

Warum ist Erhard wieder aktueller denn je? (Ulrich Horstmann)

»Ihr habt euch toll auf die Zukunft vorbereitet, die einmal vor euren Eltern lag, aber nicht auf eure eigene. Das System hat euch falsch konditioniert, mit dem falschen Wissen abgefüllt und jetzt sagt es: »Sorry, wir halten euch auf dem Laufenden.«[2]

Gerhard Hörhan formuliert unverblümt. Seine Botschaften an die Jugend sind klar. Die Politiker kritisiert er scharf: »*Sie zocken euch mit jedem Euro an zusätzlicher Staatsverschuldung und mit jeder aus Rücksicht auf die Alten verweigerten Verwaltungsreform ab. Jetzt gerade lasten sie euch die Kosten für die Sanierung Europas auf. Sie stecken eure Zukunft in den Rettungsschirm für den Euro. Die Milliarden, die nach Griechenland, Irland, Portugal und bald vielleicht nach Spanien, Italien, Frankreich, Belgien und Zypern fließen, werdet ihr verdienen und in Form von Steuern und Abgaben bezahlen müssen. Ihr werdet dafür bluten, dass zum Beispiel Griechenland durch Faulheit, Korruption, Schattenwirtschaft und Bilanzfälschung pleitegegangen ist. Eure Zukunft versickert in den Straßen von Athen, in denen die Griechen gegen ihre alte Misswirtschaft demonstriert und dabei Geschäfte geplündert und Autos zerstört haben.*

Die Politiker stehlen euch eure Zukunft wissentlich und nicht etwa, weil sie keine andere Wahl hätten. Sie könnten Beamte feuern, sinnlose Gesetze abschaffen und die Staatsbetriebe verkaufen. Doch es gäbe immer irgendwelche Gruppen, die sich aufregen würden. Ihr seid die Einzigen, die sich alles gefallen lassen.«[3]

Das Politikversagen trifft so die, die sich am wenigsten wehren. Über sie wird hinweg entschieden, trotz bestehender Rechtsbrüche.

Im Fokus der Erhard'schen Politik standen die »Armen«. Diese Bevölkerungsgruppe wird heute ausgegrenzt – bei dauerhaften öffentlichen Finanzhilfen. Der Staat verweigert – trotz anderer Lippenbekenntnisse – Aufstiegs- und Bewährungschancen. Leistungsempfänger können so nicht stolz auf eine eigene Leistung sein. Es wird ihnen die Chance genommen, sich mit eigener Kraft hochzuarbeiten und gesellschaftliche Anerkennung zu erwerben.

Erhards Freiheit und Demokratie fördernde Politik für die (noch) Armen wurde vielfach nicht verstanden. Erhards Politik war nicht gegen »Reiche« gerichtet, es sei denn sie verhalten sich korrumpierend. Unfaires Abzocken der Gemeinschaft durch wettbewerbswidrige Absprachen wurde von ihm bekämpft. Heute hätte er viel zu tun, um ein gesellschaftliches »fair play« wieder zu ermöglichen.

Ludwig Erhards Grundsätze sind heute aktueller denn je. Wenn man die wirtschaftliche Situation Deutschlands 1957 – noch weitgehend ohne den umverteilenden Sozialstaat – mit der aktuellen Lage vergleicht, hätte Erhard vielleicht noch deutlichere Worte gefunden. Die Warnungen in seinem Bestseller »Wohlstand für Alle« waren aber schon damals klar und zeitlos formuliert:

»Die wachsende Sozialisierung der Einkommensverwendung, die um sich greifende Kollektivierung der Lebensplanung, die weitgehende Entmündigung des einzelnen und die zunehmende Abhängigkeit vom Kollektiv oder vom Staat – aber damit zwangsläufig auch die Verkümmerung eines freien und funktionsfähigen Kapitalmarktes als einer wesentlichen Voraussetzung für die Expansion der Marktwirtschaft – müssen die Folgen dieses gefährlichen Weges hin zum Versorgungsstaat sein, an dessen Ende der soziale Untertan und die bevormundete Garantierung der materiellen Sicherheit durch einen allmächtigen Staat, aber in gleicher Weise auch die Lähmung des wirtschaftlichen Fortschritts in Freiheit stehen wird.«[4]

Dieses Unheil ist jetzt eingetroffen. Die CDU setzte in ihrem Parteitag in Leipzig 2003 und in ihrem Wahlkampf 2005 noch auf eine grundsätzliche Neuausrichtung der Sozialen Marktwirtschaft. Ein gerechteres und einfacheres Steuersystem und der Rückbau des Wohlfahrtsstaates auf ein vertretbares Maß standen auf der Agenda. Heute ist davon bei der CDU und damit der Partei, die Ludwig Erhards freiheitliche Ideen durchsetzte, sehr wenig zu spüren.

Die Anhänger der Sozialen Marktwirtschaft in der Partei sind verstummt. Sozial- und Industriepolitik – im Verbund mit Frankreich und auf EU-Ebene – stehen dagegen im Fokus. Kanzlerin Angela Merkel moderiert seit 2005 Politik nur noch. Sie hält zwar weiter die Fäden in der Hand, aber ohne inhaltlich zu führen. Das ist genau das Gegenteil von Erhard. Er kämpfte für seine freiheitlich orientierte Marktwirtschaft. In der Zeit seiner größten Erfolge rief er das deutsche Volk, das aus seiner Sicht zur Hybris neigte, zum »Maßhalten« auf. Er focht gegen wettbewerbsfeindliche Kartellinteressen der Großindustrie und Gewerkschaften.

Erhard wurde in Wahlen eindrucksvoll bestätigt. Das Volk liebte den sozialen Revolutionär. Das gab ihm Rückhalt bei der Durchsetzung seiner Vorstellungen gegenüber den freiheitseinschränkenden Lobbyisten. Erhards Staat fußte nicht auf Verbändemacht, sondern auf Wettbewerb und maximaler Freiheit für die Bürger. Sie sollten selbst in der Lage sein, auch bei niedrigem Einkommen, Eigentum zu bilden. Kein wiedererstarkender Betreuungsstaat und keine organisierten Interessen sollten die Bürger neu knebeln – das waren auch seine Lehren aus dem Nationalsozialismus.

Kanzlerin Merkel kämpft spätestens seit 2005 nicht mehr um Inhalte, vor allem nicht für eine freie Marktwirtschaft Erhards. Der Zusatz »sozial« beruhte darauf, dass in einem fair ausgestalteten Wettbewerb auch Außenseiter eine Chance haben sollten. In der Erhard'schen Marktwirtschaft sind staatliche – temporäre – Hilfen für Bürger in

Not die Ausnahme. Eine Regelversorgung über Generationen war nicht Erhards Sozialmodell. Er warnte vor dem entmündigenden Betreuungsstaat. Kanzlerin Merkel verfestigt ihn durch fragwürdige Kompromisse. Die CDU-Parteivorsitzende äußert allenfalls öffentlich Bedenken, um dann – oft sogar ohne Gegenleistungen – nachzugeben. Kanzlerin Merkels inhaltliche Flexibilität wird überraschenderweise hingenommen.

Die CDU wird ihrer Rolle als »Kanzlerwahlverein« wieder gerecht. Sie wurde schon zu Adenauers Amtszeiten deswegen kritisiert, unter der Merkel-Administration ist sie es zweifelsohne. Alles ist auf ihre Person zugeschnitten. Politisches Versagen prallt an der inzwischen »Unbesiegbaren« ab, dafür sind andere zuständig.

Inhaltlich bleibt Angela Merkel seit dem Wahldebakel für die CDU 2005 vage. Das süße Gift der linken Illusion mit sozialistischen Heilsversprechen hat sich in der Vorstellungswelt der Wähler verfestigt, auch wenn sie unfinanzierbar sind.

Jüngere Menschen müssen für das umlagefinanzierte Sozialsystem geradestehen. Sie werden enteignet. Sie werden unser Land verstärkt verlassen, wenn sie über Gebühr als »Demographieverlierer« Zukunftsperspektiven einbüßen.

Die Bürger erkennen die Gefahren entweder nicht, weil sie sie nicht verstehen oder die Probleme verdrängen. Warum auch immer. Jedenfalls wirkt eine liberale, freiheitliche Alternative ohne Fürsorgestaat für die Bürger unattraktiv. Die nachhaltig positiv wirkende Soziale Marktwirtschaft Erhard'scher Prägung ist viel schwerer zu vermitteln, als Umverteilung und Planwirtschaft. Eine zunehmend sozial-demokratische Union steht nicht mehr für die Soziale Marktwirtschaft im Sinne Erhards ein, Umverteilung wird den Bürgern gegenüber als »alternativlos« bezeichnet. Dann braucht man vermeintlich die Politik auch nicht mehr erklären.

Insbesondere die staatstragenden Regierungsparteien CDU und CSU scheinen den Kompass verloren zu haben. Die SPD scheint ihr Godesberger Programm (1959) völlig vergessen zu haben. Man lebt von der Hand in den Mund. Es gibt keine Grenzen des Wohlfahrtsstaates mehr. Erhard hätte die Fülle staatlicher Transferleistungen, die Bürokratie und die Überheblichkeit des Wissens vermutlich als Untertanenstaat gegeißelt. Der Wohlfahrtsstaat kommt dem Gegenmodell zur Sozialen Marktwirtschaft Erhards, dem der früheren DDR bereits beängstigend nahe. Dies gilt insbesondere für die Rundum-Sorglos-Politik im Sozialbereich; in Erhards eigenen Worten:

»Die Entwicklung zum Versorgungsstaat ist schon dann eingeleitet, wenn der staatliche Zwang über den Kreis der Schutzbedürftigen hinausgreift und wenn ihm Personen unterworfen werden, denen ein solcher Zwang und die Abhängigkeit auf Grund ihrer Stellung im Wirtschafts- und Erwerbsleben wesensfremd ist – oder zumindest wesensfremd sein sollte.«[5]

Heute ist dieser Versorgungsstaat verwirklicht. Staatlicher Zwang führt zur Strangulierung der Wirtschaft. Die Frage, wie der Wohlstand gesichert wird – ein Grundanliegen Erhards – wird zu wenig gestellt. Wenn überhaupt. In einem allumfassenden Sozialstaat wird der Anreiz, selbstständig Vermögen zu erwirtschaften, verringert. Eigenvorsorge wird »verlernt«. In einem vom Besitzstandsdenken geprägten »Rentnersystem« – durch die Überalterung der Gesellschaft – finden Innovationen nicht mehr ausreichend statt.

Selbst der Markt für neue Ideen funktioniert hierzulande nicht gut. Das betrifft vor allem die Finanzierungsseite. Während die angelsächsischen Staaten für neue Ideen in weitem Umfang Risikokapital bereitstellen, wodurch sie erfolgreich wachsen können, herrscht in dem Land der Aktienmuffel Flaute. Trotz der steigenden Börsenkurse sind die Deutschen nicht dabei. Aktiensparförderung Fehlanzeige!

Die ständig stärkere Besteuerung jedes Wertpapiersparens und die niedrigen Anlagenzinsen erwecken den Eindruck, als wäre Kapitalbildung und damit unter anderem auch die eigene Vorsorge für das Alter unerwünscht. Die schlechte Anlagerendite wird durch Schönreden der Situation kompensiert. Staatsanleihen sind zu meiden. Raffelhüschen rät von dem Zeichnen von Staatsanleihen klarer ab als andere Experten, für die der spätere Beitragszahler geradesteht: *»Staatsanleihen gehören nicht zur Kapitaldeckung«*[6].

Dennoch wird den Deutschen erneut vorgegaukelt, dass Staatsanleihen sicher seien. Auch die Regulierungen folgen diesem fragwürdigen Konstrukt. Durch die Geldflutung mit der EZB-Politik ist außerdem der Preis für die Staatsanleihen in den Bilanzen verzerrend hoch und die Anlagerendite fehllenkend viel zu gering. Hier wird zu Lasten der Bürger manipuliert. Nach mehrfachen Enttäuschungen scheinen sie hierzulande nichts gelernt zu haben. *»Geschichte wiederholt sich nicht, aber reimt sich«*[7].

Anscheinend ist dies ein besonderer deutscher Teufelskreis. Unter den entwickelten Staaten ist Deutschland finanziell der instabilste, wenn man die Geschichte der vergangenen 100 Jahre und die aktuellen Gefahren durch die Übernahme von finanziellen Risiken berücksichtigt, z. B. für die Rettung der Banken, die Forderungen an südeuropäische Staaten hätten abschreiben müssen. Das Finanzsystem in angelsächsischen Staaten ist deutlich flexibler und pragmatischer.

Die Vermögensbildung der Arbeitnehmer ist in Großbritannien und den USA weit besser und stärker aktienorientiert, während das starre inländische Altersvorsorgesystem auf Zinsversprechen von Staaten beruht, die regelmäßig nicht erfüllt werden. Allenfalls das sozialistisch ausgerichtete Frankreich ist hier mit Deutschland gut vergleichbar.

Erhards Grundsätze sind den heutigen »Narrativen« entgegenzustellen. Europa ist als Schicksals- und Friedensgemeinschaft ohne bürgerliche Freiheit und Akzeptanz ein Irrweg.

Neue, sozial gedemütigte Untertanen dürfen kein Leitbild dieser vermeintlichen »Euro-Notgemeinschaft« sein. Diese scheinbar »alternativlose« Vision eines Euro-Großeuropa hätte Erhards Politikvorstellungen nicht entsprochen. Der Wettbewerb von freien und auch kleinen Staaten ohne Zollschranken stand bei ihm im Fokus. Auch für die Euro-Rettungspolitik gilt:

Man kann nicht mehr verteilen, als erwirtschaftet wurde. Dieser Grundsatz, der für eine schwäbische Hausfrau selbstverständlich ist, lässt sich durch die schönste Rhetorik nicht aushebeln.

Über die Bürger wird weiter hinweg regiert. 1956 schrieb Erhard an Adenauer:

»Europäische Integration ohne entsprechenden Widerhall in der Öffentlichkeit verwirklichen zu wollen, ist ein Unding.«[8]

Gottfried Heller formulierte bereits 1997 – also wenige Jahre vor der Einführung des Euro vor diesem Hintergrund:

»Dem Nein des Volkes steht eine Führungsschicht gegenüber, die mehrheitlich den Euro will. Sie hat sich unter der Kanzlerschaft von Helmut Kohl zum Ziel gesetzt, mit Hilfe einer gemeinsamen Währung die europäischen Staaten zu einem europäischen Bundesstaat zu verschmelzen. Das ist ein höchst riskantes Unterfangen mit dem falschen Mittel zur falschen Zeit.

Die Großbanken tun sich als vehemente Verfechter der Euro-Währung hervor. Die Vermutung sei erlaubt, daß sie es tun, weil jetzt und später gute Geschäfte winken. Das gilt nicht für die Genossenschaftsbanken und die Sparkassen. Diese Banken sollten also, wenn sie klug sind, nicht zu den Euro-Antreibern gehören.

Interessant ist, daß die Großindustrie und die Gewerkschaften einträchtig im selben Boot mit Macht auf den Euro zurudern. Die Euro-Lobby droht damit, daß ohne eine Währungsunion weitere Export-Jobs verloren gingen, weil dann die D-Mark noch höher steigen würde. Das ist eine unbeweisbare Behauptung. Denn die Stärke einer Währung hängt von der Produktivität und Dynamik der Wirtschaft eines Landes ab. In Deutschland – in ganz Europa – gilt es erst, den unbezahlbaren Wohlfahrtsstaat zu trimmen. Schrumpfung und nicht Expansion, Stagnation und nicht Dynamik ist für die nächsten Jahre angesagt.«[9]

Dem ist wenig hinzuzufügen. Mit den vergemeinschafteten niedrigen Zinsen ging dann die Konsumparty vor allem in Südeuropa erst richtig los. Die inländischen Bürger, die den Euro nicht wollten, werden für diese Party in besonderem Maße herangezogen werden (über die Umverteilungen der Geldpolitik durch Staatsanleihenkäufe, Hilfsprogramme der EU und nicht zuletzt der Bankenunion, die die Vergemeinschaftung der Risiken abrundet). Manager verdienen als »vaterlandslose Gesellen«, ohne Bezug zu den Sozialsystemen ihrer Herkunftsländer, demgegenüber erwartungsgemäß weiter gut und können sich ihrer gesellschaftspolitischen Verantwortung entziehen.

Die wirtschaftliche Konzentration und die Umverteilung durch die fragwürdige Steuer- und Subventionspolitik schaffen Korrekturbedarf. Neben den Großkonzernen, der Finanzindustrie im Verbund mit den Ratingagenturen sind auch große Wirtschaftsprüfer Treiber der Umverteilung. So werden nach einer Reportage Konzerne von den vier weltweit größten Wirtschaftsprüfungsgesellschaften beraten, die darauf spezialisiert sind, neue Steuerschlupflöcher zu finden.[10]

Politiker sind Teil dieser neuen Riesen-Kanzleien, die Konzerne mit riesigen Einkommen und Gewinnen und dadurch mit hohen Streitwerten vertreten. Vielleicht können solche Politiker für ihre Aktivitäten sogar noch einen Aufsichtsratsjob erhalten oder ähnliches. Diese Politiker fördern einen neuen Kapitalismus mit eingeschränktem Wettbewerb, einen »Sozialismus für Reiche«. Sie haben gewissenlos beim Entstehen immer größerer Konzerne tatkräftig mitgeholfen, egal woher das Geld kam: Kapital aus Arabien, Russland oder aus anderen Quellen, Hauptsache die Mitbestimmung war halbwegs gewährleistet, und vor allem die Löhne stiegen regelmäßig; aber im Grunde wollte man über eine vermeintlich überschaubare Wirtschaftskonzentration auf wenige absichern, dass man vermeintlich mitsteuern kann (Beispiel: VW-Konzern).

Politiker erkaufen sich Stimmen mit Wahlversprechen und sind keine guten Unternehmer oder gar Marktwirtschaftler. Die Trennlinie zwischen Staat und Wirtschaft ist kaum mehr erkennbar und muss wieder klar gezogen werden.

Was Ludwig Erhard dazu gesagt hätte und wie seine Grundsätze heute lauten würden, kann sich jeder bei einer solchen Perspektive wohl selbst ausmalen, angesichts seiner Mahnung, die er auch in Boomzeiten gegenüber ausgabefreudigen Sozialpolitikern ausgesprochen hatte, dass man nicht mehr verteilen kann, als erwirtschaftet wurde. Sicher wäre Erhard sehr enttäuscht angesichts der politischen Fehlentwicklungen. Seine Mahnungen blieben ungehört. Statt Maß zu halten, verfallen die Politiker (im Verbund mit Großbanken und Großindustrie) – erneut der Hybris eines Großeuropas und regieren über die Bürger hinweg, denen sie die Risiken beim Scheitern des Experiments aufbürden.

Die Schuldenbilanz ist drückend, die Kassen der Sozialsysteme werden derzeit von der wahlprägenden älteren Generation geplündert.

»Wenn ihr nicht sehr rasch etwas daran ändert, kommt zuerst ein Absturz mit Tränen und dann, mit etwas Glück, der Wiederaufbau mit Blut und Schweiß. Anschließend seid ihr reif für die Rente, die ihr dann trotzdem nicht bekommt.«[11]

Erhard und die Kritik der aktuellen Politik (Gottfried Heller)

Jüngsten Umfragen zufolge (Stand: 2014) haben nur noch weniger als die Hälfte der Bundesbürger eine gute Meinung von der Sozialen Marktwirtschaft. Unsere Gesellschaft wird von vielen als »zu wenig gerecht«, als »nicht mehr sozial« empfunden.

Der Grund für diese Empfindung liegt in der Tatsache, dass in Deutschland die Soziale Marktwirtschaft im Erhard'schen Sinne nicht mehr existiert. Deutschland ist heute ein aus Steuergeldern finanzierter Umverteilungsstaat, vor dem Ludwig Erhard eindringlich in einem Artikel zum Thema Lebensstandard gewarnt hat:

»Jeder ist seines Glückes Schmied. Es herrscht die individuelle Freiheit und dies umso mehr, je weniger sich der Staat anmaßt, den einzelnen Staatsbürger zu gängeln oder sich zu seinem Schutzherren aufspielen zu wollen. Solche »Wohltat« muss das Volk immer teuer bezahlen, weil kein Staat seinen Bürgern mehr geben kann, als er ihnen vorher abgenommen hat – und das noch abzüglich der Kosten einer zwangsläufig immer mehr zum Selbstzweck ausartenden Sozialbürokratie. Nichts ist darum in der Regel unsozialer als der sogenannte »Wohlfahrtsstaat«, der die menschliche Verantwortung erschlaffen und die individuelle Leistung absinken lässt.«[12]

Die »Wohltaten« und ein riesiger Verteilungsapparat kosten die deutschen Bürger heute eine staatliche Abgabenquote von knapp 50 Prozent. Das heißt, dass wir im Schnitt fast die Hälfte des Jahres für den Staat arbeiten. Zu Erhards Zeiten war die Steuer- und Sozialabgabequote nur etwa halb so hoch und er befand, dass diese »hohe Quote« unbedingt gesenkt werden müsse!

Das Gegenteil ist eingetroffen: Der Sozialstaat ist im Jahre 2013 deutlich schneller gewachsen als die Wirtschaft. Beinahe 30 Prozent der gesamten deutschen Wirtschaftsleistung wurden für sozialpolitische Zwecke eingesetzt.

Erhard hat sich stets für die persönliche Freiheit und gleichermaßen für eine freiheitliche Sozialpolitik eingesetzt. In seinen Worten:

»Die Entwicklung zum Versorgungsstaat ist schon dann eingeleitet, wenn der staatliche Zwang über den Kreis der Schutzbedürftigen hinausgreift und wenn ihm Personen unterworfen werden, denen ein solcher Zwang und die Abhängigkeit vom Staat auf Grund ihrer Stellung im Wirtschafts- und Erwerbsleben wesensfremd ist.«[13]

Erhards Soziale Marktwirtschaft ist weit mehr als ein Wirtschaftsmodell, es ist ein Gesellschaftsmodell. Es beruht auf der Verbindung des Prinzips der Freiheit des Markts und des Wettbewerbs mit dem des sozialen Ausgleichs. Aufgabe des Staats ist es demnach, verlässliche Rahmenbedingungen zu schaffen. Die Komponenten der Sozialen Marktwirtschaft sind: freies Unternehmertum, Eigeninitiative, Leistungsbereitschaft, gesunder Wettbewerb und Gewinnsystem. Für Erhard galt diese Marktwirtschaft gleichzeitig als sozial, weil sie die Grundlage für einen breiten Wohlstand schafft und dadurch erst die finanziellen Mittel für die Sozialleistungen erwirtschaftet. In seiner Vorstellung sollte durch eine produktive, erfolgreiche Wirtschaft das Volkseinkommen so vermehrt werden, dass sich daraus die Sozialaufwendungen finanzieren lassen. In seinen Worten:

»Auch muss auf die unlösbare Verbindung zwischen Wirtschafts- und Sozialpolitik aufmerksam gemacht werden. Tatsächlich sind umso weniger sozialpolitische Eingriffe und Hilfsmaßnahmen notwendig, je erfolgreicher die Wirtschaftspolitik gestaltet werden kann.«[14]

Er warnte zugleich vor einer Ausdehnung der Staatstätigkeit und mahnte, der Staat müsse sich auf seine Kernaufgaben beschränken. Der Fußballsachverständige Ludwig Erhard verglich die Rolle des Staats mit der eines Schiedsrichters, der beim Fußballspiel selbst nicht mitspielt, sondern nur auf die Einhaltung der Regeln achtet und Regelverstöße ahndet.

Die Soziale Marktwirtschaft kann nur funktionieren, wenn Markt und Staat in einem ausgewogenen Verhältnis zueinanderstehen. Ist der Anteil des Staats zu groß, lähmt er die Marktkräfte, ist er zu gering, wird der soziale Friede gestört. Gemäß dieser Definition ist die Soziale Marktwirtschaft völlig aus den Fugen geraten:

In Deutschland geraten immer mehr Menschen in die Abhängigkeit vom Staat. Erhards Prophezeiung ist eingetroffen:

»Die wachsende Sozialisierung der Einkommensverwendung, … die weitgehende Entmündigung des Einzelnen und die zunehmende Abhängigkeit vom … Staat – aber damit zwangsläufig auch die Verkümmerung eines freien und funktionsfähigen Kapitalmarkts als einer wesentlichen Voraussetzung für die Expansion der Marktwirtschaft – müssen die Folgen dieses gefährlichen Weges hin zum Versorgungsstaat sein, an dessen Ende der soziale Untertan und die bevormundete Garantierung der materiellen Sicherheit … stehen wird.«[15]

Anstatt Erhards Weg konsequent weiterzugehen und die allgemeinen Rahmenbedingungen so zu gestalten, dass die Marktwirtschaft auch für »Soziales« genug erwirtschaften kann, hat Deutschland den falschen Weg gewählt, an dessen Ende der »soziale Untertan« steht.

Sichtbarster Ausdruck dieser Fehlentwicklung ist die Staatsquote von etwas unter 50 Prozent. Deutschland hat also zur Hälfte Staatswirtschaft – Sozialismus – der immer und überall zur Pleite führt.

Auch in der Altersvorsorge ist Deutschland den falschen Weg gegangen. Erhard wollte aus den Deutschen ein Volk von Teilhabern machen. Weitsichtig hat er bereits 1950, als die deutsche Wirtschaft noch in Trümmern lag, auf dem ersten Parteitag der CDU auf die große Bedeutung eines funktionierenden Kapitalmarkts hingewiesen:

»Ein gesunder und funktionsfähiger Kapitalmarkt bietet die beste Gewähr für sinnvolle, produktive und volkswirtschaftlich nützliche Investitionen.«[16]

Auf dem CDU-Parteitag in Hamburg 1957 sagte er:

»Die CDU hat sich zum politischen Ziel gesetzt, mit jedem weiteren wirtschaftlichen Fortschritt zu einer immer breiteren Streuung des Eigentums an den Produktionsmitteln zu kommen«.[17]

Als ersten Schritt kündigte er an,

»das Volkswagenwerk über das Mittel der Volksaktie in den Besitz weitester Volkskreise zu überführen«.[18]

Drei große Unternehmen brachte er ab 1959 an die Börse: Preussag (heute TUI), VW und Veba (heute E.ON). Nach der erfolgreichen Platzierung von Preussag sagte er,

»dass ein neues gesellschaftspolitisches Leitbild erkennbar wird, (...) wenn auch die Lohn- und Gehaltsempfänger und der kleine Sparer immer besser zu erkennen vermögen, dass ihr Schicksal, ihre soziale Sicherheit und die Zukunft ihrer Kinder von der Erhaltung unserer Produktiv- und Leistungskraft abhängen.«[19]

Was ist daraus geworden? Nichts. Ganze sieben Prozent ihres Vermögens haben deutsche Sparer in Aktien investiert. Etwa zwei Drittel des Kapitals des deutschen Börsenindex DAX liegen in den Händen des Auslands. Unter den Industrieländern hat Deutschland die mit Abstand schlechteste Vermögensstruktur, weil die Deutschen – außer in Immobilien – fast ausschließlich in Geldwerten investieren, die heute fast zinslos sind.

Die Altersvorsorge der Deutschen hängt zu etwa drei Vierteln von der staatlichen Rente ab, die angesichts der demografischen Entwicklung in Zukunft hinten und vorne nicht für den Ruhestand reicht.

Diese wirtschafts- und gesellschaftspolitische Vision ist das, was ich als Erhards »Unvollendete« bezeichne. Seine Vision von einer freiheitlichen Gesellschaft von Teilhabern – »Volksaktionären« –, deren soziale Sicherheit primär aus ihrer eigenen Leistung und ihrer Selbstvorsorge kommt, wurde nicht verwirklicht.

Schlimmer noch: Erhards Soziale Marktwirtschaft wurde von Angela Merkel 2005, seit sie Bundeskanzlerin ist, in die unterste Schublade abgelegt.

Vor der Bundestagswahl hatte sie auf dem Leipziger CDU-Parteitag Erhard vehement gehuldigt. Die CDU stürzte bei Umfragewerten von 42 Prozent bei der Bundestagswahl auf 35,2 Prozent ab und entkam nur knapp einer Niederlage. Daraus schloss Angela Merkel, dass die Deutschen mehrheitlich schon so staatshörig seien, dass sie nichts mehr wissen wollten von dem marktwirtschaftlichen Prinzip »so viel Freiheit wie möglich, so viel Staat wie nötig«, sondern dass sie, umgekehrt, »so viel Staat wie möglich, so viel Freiheit wie nötig« wollten. Darauf riss sie das Ruder um 180 Grad herum, und seitdem praktiziert sie eine dem deutschen Wahlvolk gefällige Politik. Viele nennen dies auch »Opportunismus pur«.

Hätte sich Ludwig Erhard im Juni 1948 bei der Währungsreform auch so kleinmütig und opportunistisch verhalten, hätte es wohl seine so überaus erfolgreiche Soziale Marktwirtschaft nicht gegeben.

Denn nach dem Willen der alliierten Besatzungsmächte sollte nur die D-Mark eingeführt werden, marktwirtschaftliche Elemente mit freier Preisbildung jedoch erst später.

Doch Erhard hob eigenmächtig gleichzeitig die Bewirtschaftungs- und Preiskontrollen auf. Darauf wurde er zum Militärgouverneur General Lucius Clay zitiert, der ihm erklärte, er habe kein Recht gehabt, die Preiskontrollen auszusetzen. Worauf Erhard antwortete, er habe sie nicht ausgesetzt, sondern abgeschafft. Sein mutiger Alleingang in die Marktwirtschaft setzte eine wirtschaftliche Dynamik in Gang. Das Wirtschaftswunder begann.

Noch vor 2005 auf dem berühmten Parteitag der CDU in Leipzig (2003) predigte die Oppositionspolitikerin Merkel eine neue Soziale Marktwirtschaft, in der Leistung sich mehr lohnen müsse und man mehr Eigenverantwortung brauche. Die Bundeskanzlerin von heute dagegen baut den Sozialstaat aus, führt Betreuungsgeld, Mütterrente und Mindestlohn ein und macht mit der Rente mit 63 die von ihrem Vorgänger mühsam erkämpfte Rente mit 67 teilweise rückgängig. Gerhard Schröder hat damals sein Amt aufs Spiel gesetzt und es verloren. Das wird Angela Merkel nicht passieren. Einen opportunistischen, richtungslosen Regierungsstil, wie Merkel ihn betreibt, verhöhnte der französische Staatsmann und zeitweilige Außenminister Charles Maurice de Talleyrand mit den Worten: *»Da vorne läuft mein Volk. Ich muss ihm hinterher – ich bin sein Führer.«*

Merkel wartet ab bis zuletzt und, wenn sie sieht, wohin der Hase läuft, sei es in Berlin oder Brüssel, greift sie mäßigend ein. Eine »Wirtschaftspolitik in betrunkenem Zustand«[20] hat das »Die Zeit« mal genannt. Auf diese Weise macht sie in der jeweiligen Situation nicht viel falsch, im Gegenteil, sie bucht einen Erfolg des Augenblicks und erntet den Beifall des Volks.

Die Deutschen suchen Sicherheit. Und sie glauben, diese bei Angela Merkel zu finden. Man nennt sie ja die »Mutti«, bei der man sich geborgen fühlen kann, denn sie wird es schon »richten«. Es ist uns doch ganz gut gegangen in den vergangenen Jahren. Das mag zwar stimmen, aber ob das auch in Zukunft so sein wird, ist mehr als fraglich.

Die Bundestagswahl im September 2013 hat ein Ergebnis gebracht, das für die Zukunft nichts Gutes verheißt. Merkel hat zwar mit 41 Prozent der Stimmen einen großen Sieg errungen. Aber ihr ist nicht nur mit dem Ausscheiden der FDP ein marktwirtschaftliches Korrektiv abhandengekommen, sondern es ist auch der Wirtschaftsflügel der Union geschrumpft. Die Erben Ludwig Erhards sind verschwunden. Das politische Spektrum hat sich dramatisch nach links verschoben, rechts von der Mitte herrscht Leere. Die Kanzlerin regiert in einer Großen Koalition, bestehend aus CDU/CSU und SPD, mit einer Mehrheit von 80 Prozent. Dass dies der GAU ist – der politisch größte anzunehmende Unfall –, erhellt sich aus den scharfsinnigen Worten des Nobelpreisträgers Professor Friedrich von Hayek:

»Es waren immer die Konservativen, die dem Sozialismus Zugeständnisse gemacht haben und ihm zuvorkamen. Als Befürworter des ›Weges der Mitte‹, ohne eigenes Ziel, waren die Konservativen von dem Glauben geleitet, dass die Wahrheit zwischen den Extremen liegen muss – mit dem Ergebnis, dass sie ihre Position verschoben, so oft sich an einem der Flügel eine extreme Bewegung zeigte.«[21]

Aus dieser Tatsache erklärt sich das heutige politische Handeln von Kanzlerin Merkel. Sie regiert weit links, aber aus der sozialdemokratisierten Mitte! Nur so lässt sich erklären, dass die Große Koalition, ohne ökonomische Vernunft, Teile der hart erkämpften Agenda 2010 zurückgenommen und milliardenschwere, kostenträchtige Sozialausgaben mit Langzeitwirkung beschlossen hat.

Als Sozialministerin Andrea Nahles in einem Interview gefragt wurde, ob angesichts der wirtschaftsschädlichen Sozialgeschenke der Großen Koalition das Sprichwort zutreffe: »Wenn es dem Esel zu gut geht, geht er aufs Eis«, antwortete sie unverfroren:

»Ach was. Wir stärken den Wohlstand in diesem Land und wollen, dass alle von der guten Lage profitieren! Damit schlagen wir ein weiteres Kapitel der Sozialen Marktwirtschaft in Deutschland auf.«[22]

Dass sich heute alle politischen Lager, angefangen von der Sozialdemokratin Andrea Nahles über den Grünen Tarek Al-Wazir bis zur Linkssozialistin Sahra Wagenknecht, auf Ludwig Erhards Soziale Marktwirtschaft berufen, spottet jeder Beschreibung und grenzt an Volksverdummung. Und auch die Union sollte aufhören, sich auf Erhard als Kronzeugen zu berufen. Sie hat sein Vermächtnis mit Füßen getreten.

Wie wird es vor allem in der Wirtschaft weitergehen?

Sie wird wohl dank einer sich belebenden Weltkonjunktur noch einige Jahre auf einer Woge des Erfolgs schwimmen. Dadurch werden die schädlichen Wirkungen der Beschlüsse der Regierung Merkel kurzfristig kaschiert.

Doch auch in der Politik gilt, wie in der Wirtschaft bis hinunter zum Einzelunternehmen und sogar im Fußball, das Gesetz von der »Regression zur Mitte«, der Rückkehr zum Mittelmaß.

Die heutige gute deutsche Konjunktur ist der mutigen Agenda 2010 von Kanzler Gerhard Schröder zu verdanken, die Deutschland über das Mittelmaß in Europa und der Welt hinaushob. Doch es ist zu befürchten, dass wir bereits den Zenit überschritten haben und uns in Richtung der Mitte – nach unten – bewegen.

Wie würde Ludwig Erhard heute in einer globalisierten Welt und einem durch den Euro zerstrittenen, paralysierten Europa handeln?

Fest steht, dass es unter ihm den Euro nicht gegeben hätte, zumindest nicht in der Zusammensetzung der Mitglieder, nicht in seiner Konstruktion und schon gar nicht in der Art und Weise wie er von oben herab den Menschen aufgedrückt wurde. Das lässt sich aus den folgenden Worten Erhards schließen:

»Europäische Integration ohne entsprechenden Widerhall in der Öffentlichkeit verwirklichen zu wollen, ist ein Unding.«[23]

Das hat Erhard schon 1956 an Adenauer geschrieben.

Er hätte auch die Euro-Retterei zur Abwendung von Staatspleiten nicht mitgemacht.

Der Euro ist wie eine Zwangsjacke, in die alle, ob dick oder dünn, groß oder klein, hineingeschlüpft sind. Den einen, wie den Deutschen, ist sie zu weit, den anderen, wie den Südländern und Franzosen, ist sie zu eng. Sie schnürt ihnen die Luft ab. Er hätte daher auch einen Austritt aus dem Euro von vornherein zugelassen und eingeplant.

Und er hätte bei der Einführung einer Gemeinschaftswährung den Marktkräften den Vorzug gegenüber der Politik gegeben, welche die schädlichen Folgen missachtet, wie sie nun eingetreten sind.

Er hätte die unterschiedlichen Mentalitäten in Europa berücksichtigt und sich nicht der trügerischen, romantischen Hoffnung hingegeben, dass sich die Staaten irgendwie zusammenraufen würden.

Die EU ist das großartigste Friedenswerk, das es je gegeben hat. Gäbe es sie nicht, müsste man sie erfinden. Ihr wurde zu recht 2013 der

Friedensnobelpreis verliehen. Der Euro dagegen ist ein Sprengsatz, der die EU auseinandertreibt und Hass und Zwietracht schürt.

So, wie es heute ist, werden wir von einer Krise in die andere taumeln. Europa ist in Gefahr, zu einer Armutszone zu werden, weil es mit seinen aufgeblähten Sozialsystemen im globalen Wettbewerb nicht mithalten kann.

In der EU leben 500 Millionen Menschen. Das sind sieben Prozent der Weltbevölkerung. Aber etwa 50 Prozent aller Sozialleistungen in der Welt entfallen auf Europa. Deutschland steht hier an vorderster Stelle.

Das hat Angela Merkel in Reden unheildrohend verkündet. Es hat sie aber nicht daran gehindert, als erste Maßnahme der Großen Koalition im Mai 2014 mit der abschlagfreien Rente ab 63 Jahren und der Mütterrente Klientelpolitik zu betreiben und damit den Sozialstaat noch auszuweiten. Es wird geschätzt, dass allein die Umsetzung dieser beiden Gesetze die Rentenkasse bis 2030 mit 200 Milliarden Euro belasten wird.

Bei der Feierstunde zum 125-jährigen Bestehen der deutschen Rentenversicherung sagte Angela Merkel: *»Die Rentenversicherung ist und bleibt ein prägendes Merkmal unseres lebendigen Sozialstaats«*. Sie wies jedoch darauf hin, dass die gesetzliche Rente künftig für viele nicht mehr reichen werde und die Einführung der Riester-Rente daher richtig gewesen sei, *» weil sich eine angemessene Absicherung im Alter künftig nur durch eine Mischung gesetzlicher, betrieblicher und privater Altersvorsorge aufbauen lässt.«*[24].

Tatsächlich soll nach den Regierungsplänen das Rentenniveau, das 1985 noch bei 57 Prozent des letzten Nettoeinkommens lag, bis 2030 auf 43 Prozent absinken.

Doch auch bei der privaten Altersvorsorge sieht es düster aus. Drei Viertel des Geldvermögens der Deutschen von rund 5,4 Billionen Euro liegen in Bargeld, Festgeld, Sparbüchern, Anleihen und Versicherungen, die seit Jahren weder eine nennenswerte Rendite noch einen Schutz vor Inflation bieten.

Allein in Versicherungen – der Deutschen liebster Form der Altersvorsorge – stecken rund 1,6 Billionen Euro, deren Garantiezins seit 2015 auf mickrige 1,25 Prozent abgesenkt wurde. Und schon wird über eine weitere Reduzierung auf 1,0 Prozent ab 2017 debattiert. Insgesamt ist es um die Altersvorsorge in Deutschland schlecht bestellt.

Immer mehr Menschen, die nicht privat ergänzend vorsorgen, droht im Alter der Gang zum Sozialamt.

Doch die Riester-Rente ist ein Fiasko in doppelter Hinsicht: Ihre Größenordnung ist ein Tropfen auf den heißen Stein und deren Rendite ist infolge der Überregulierung kläglich gering.

Die Einzigen, die von diesem Murks profitieren, sind die Banken und Versicherungen. Der Chef des ifo-Instituts, Hans-Werner Sinn, hat unlängst darauf hingewiesen, dass in etwa zehn Jahren einer wachsenden Zahl von Sparern die Altersarmut drohe, wenn sie nicht in der privaten Altersvorsorge viel stärker auf Aktien setzten, denn *»Aktien sind das Sicherste, was man haben kann.«*[25]

Viele fürchten sich aber vor Aktien, weil sie jeden Kursanstieg als Gewinn und deren Fall als Verlust betrachten. Das ist ein Fehler. Das Auf und Ab an den Börsen sind nur kurzfristige Schwankungen, aber keine echten Risiken. Ein wirkliches Risiko ist der unwiderrufliche Verlust einer Geldanlage, wie etwa Schrottanleihen, die wertlos werden.

Aber gerade, weil die Kurse schwanken, müssen Aktien eine höhere Rendite als Zinsanlagen bringen, einen Risikoaufschlag. Dieser Aufschlag gegenüber Zinsanlagen wird aber noch zusätzlich gesteigert, weil das Risiko von Aktien wegen ihrer kurzfristigen Schwankungen von den Anlegern als höher eingestuft wird, als es langfristig in Wirklichkeit ist.

Studien zeigen, dass Aktien der Industrieländer, einschließlich Dividenden, über lange Perioden Renditen von 10 bis 12 % pro Jahr erbrachten – trotz Börsenkrächen, Krisen und Kriegen. Nach Abzug der Inflationsrate blieben etwa 7 % übrig, bei Anleihen nur etwa 2 %.

Durch eine sinnvolle, breite Diversifizierung lassen sich sowohl die Schwankungen als auch das Gesamtrisiko verringern. Dass mit einfachen Mitteln kostengünstig, ohne großen Arbeits- und Zeitaufwand die Rendite gesteigert und gleichzeitig das Risiko gesenkt werden kann, habe ich in meinem Buch »Der einfache Weg zum Wohlstand«[26] ausführlich und anhand von Beispielen mit ausgewählten Aktien, Investmentfonds und ETFs[27] beschrieben.

Ein solides, breit diversifiziertes Wertpapierdepot lässt sich am einfachsten mit Fonds oder – kostengünstiger – mit ETFs gestalten, das eine Mischung aus Aktien und Anleihen enthält. Das Mischverhältnis hängt vom Alter und der Risikobereitschaft des Anlegers ab – je jünger, desto größer sollte der Aktienanteil sein.

Dabei sollten solide, langfristig überdurchschnittlich rentierende Aktien bevorzugt werden. Das sind Substanz-Aktien mit meistens hoher Dividende, sowie Nebenwerten und Schwellenländeraktien.

Mit diesem neuartigen Anlagekonzept, das auch für kleine Anlagesummen und Ansparprogramme anwendbar ist, schlagen die Anleger drei Fliegen mit einer Klappe: Mit Aktien erhöhen sie den Ertrag ihres Vermögens, sie schützen sich so vor Altersarmut und Inflation, und mit einem Übergewicht an Aktien und Anleihen außerhalb der Euro-Zone schützen sie sich vor einem von manchen befürchteten Platzen des Euro.

Mein Rat, vor allem für junge Menschen, lautet: Sie müssen zusätzlich privat für ihren Ruhestand sparen und sie sollten es klüger und ertragreicher machen als ihre Altvorderen. Je früher sie beginnen und je gescheiter sie anlegen, desto geringer ist der Betrag, den sie dafür einsetzen müssen. Bei einer Rendite von 2 % müssen 200 Euro monatlich aufgewendet werden, um in 30 Jahren 100.000 Endvermögen zu erzielen, bei 6 % sind es 100 Euro, also die Hälfte!

Besonders die jungen Sparer müssen mehr Eigenvorsorge betreiben. Denn der Staat ist nicht der »sichere Hafen«, den die Mehrzahl der Deutschen bisher angesteuert hat. Deutschland müsste die staatliche Förderung der Vermögensbildung und Altersvorsorge nach dem Motto »nicht kleckern, sondern klotzen« viel großzügiger und aktienfreundlicher gestalten. Und es könnte sich ein Beispiel nehmen an Frankreich: Dort gibt es einen Aktiensparplan (Plans d'Épargne en Actions – PEA), der jedem Einwohner eine Gesamtsumme von 150.000 Euro gewährt. Erträge sind steuerfrei, bei mehr als fünf Jahren Haltedauer sind auch die Veräußerungsgewinne steuerfrei. Seit 2014 gibt es zusätzlich einen Aktiensparplan für kleinere und mittlere Unternehmen, wonach pro Person weitere 75.000 Euro in Aktien kleiner und mittlerer Unternehmen, sowie Aktienfonds, die überwiegend in diese Gattung investieren, angelegt werden können.

In den USA können mit dem 401(k)-Plan bis zu 15 % des Lohns und Gehalts unversteuert in verschiedene Anlagevehikel investiert werden. Am beliebtesten sind Aktienfonds und Aktien. Umschichtungen sind jederzeit möglich; Besteuerung erfolgt nur in der Rentenphase, in der die Steuersätze in der Regel niedriger sind. Die Auszahlung erfolgt frühestens mit 59,5 Jahren. Zusätzlich gibt es noch den Roth-IRA-Plan (Individual Retirement Account): Einzahlung von jährlich bis zu 3.000 Dollar aus versteuertem Einkommen, dafür sind Zinsen, Dividenden und Gewinne steuerfrei, ebenso die Rückzahlungen im Rentenalter.

Bei der in Deutschland geltenden Abgeltungsteuer werden dagegen Dividenden und Zinsen, sowie Veräußerungsgewinne unabhängig von der Haltedauer, besteuert. Jungen Sparern, die frühzeitig beginnen, in Aktien oder Aktienfonds anzulegen, die im Laufe von 20 oder 30 Jahren beträchtliche Gewinne aufweisen, knöpft der Staat, wenn sie im Alter Aktien verkaufen, 25 % Abgeltungsteuer plus Solidaritätszuschlag ab. Langfristig sind Aktien, verglichen mit anderen Anlageformen, die mit Abstand ertragsreichste Geldanlage. Anstatt sie zu fördern, wird sie vom deutschen Fiskus bestraft. Das ist nicht das Verhalten eines klugen, fürsorglichen »Vater Staat«, sondern das eines Rabenvaters.

Das ist das krasse Gegenteil dessen, was Erhard schon vor 60 Jahren über den Sozialstaat und das Aktiensparen vertreten hat.

Doch es scheint in der Natur der Deutschen zu liegen, dass sie erst mit dem Rücken zur Wand zur Vernunft kommen und radikale Kurskorrekturen vornehmen. In den Worten von Ludwig Erhard:

»Das war schon immer die geschichtliche Tragik der Deutschen, dass sie ihre höchsten Tugenden in der Not entfalteten, sich aber Stunden des Glücks nicht gewachsen zeigten.«[28]

Zumindest für die Zukunft können wir guter Hoffnung sein, wenn wir unsere höchsten Tugenden wieder entfalten müssen. Vielleicht werden wir uns dann auf Erhards großartiges Gesellschaftsmodell, die Soziale Marktwirtschaft, zurückbesinnen.

Gottfried Heller im Januar 2015[29]

Erhard – Vermächtnis und Vision für die Zukunft

1. Ludwig Erhard: Biographie
(Ulrich Horstmann)

Über Despoten, wie Adolf Hitler oder Stalin, gibt es viele Biographien. Sie stehen immer wieder im Mittelpunkt von politischen Diskussionen, obwohl sie Massenmörder waren.

Ludwig Erhard dagegen findet erstaunlich wenig Aufmerksamkeit. Die letzte größere Erhard-Biographie, die größere Resonanz fand, erschien 2005: Ludwig Erhard: Der Wegbereiter der Sozialen Marktwirtschaft – Biografie von Alfred C. Mierzejewski. Das lesenswerte Buch ist damit bereits zehn Jahre alt. Bücher von Ludwig Erhard selbst sind zu »Schleuderpreisen« unter einem Euro bei den Vertriebsplattformen erhältlich. Erhard ist »mega-out«.

Bereits nach seinem Rücktritt als Bundeskanzler 1966 erlosch das Interesse an seiner Person zunehmend. Die Jugend kennt ihn kaum mehr. Falls doch, dann oft fehlinformiert.

Wer war dieser Mann? Welche Erfolgsrezepte hatte er damals und hätte er für die Zukunft? Hat er uns heute und den kommenden Generationen noch was zu sagen?

Eigentlich eine törichte Frage, die mit einem klaren »Ja« zu beantworten wäre.

Dieser friedfertige soziale Revolutionär hat uns heute noch sehr viel zu sagen. Es lohnt sich, sein Leben und sein politisches Vermächtnis zu studieren. Er hat die Menschen aus tiefster Not wieder zu Selbstvertrauen und neuem Wohlstand geführt. Seine Rezepte, die leider oft verfälscht verbreitet werden, sind aktueller denn je.

Ludwig Erhard wurde am 4.2.1897 in Fürth geboren. Sein Vater war Kaufmann und heiratete 1888 seine Mutter Augusta Hassold. Er hatte eine Schwester und zwei Brüder. Die Mutter erzog die Kinder protestantisch.[30]

Der tolerante katholische Vater war ein Anhänger des Politikers Eugen Richter und dessen liberaler Partei. In früher Kindheit erkrankte Erhard an spinaler Kinderlähmung, sein rechter Fuß war danach verformt. Er musste daher lebenslang orthopädische Schuhe tragen. Neben dem Schulbesuch mit Realschulabschluss umfasste seine Ausbildung eine Lehrzeit in dem Textilwarengeschäft Georg Eisenbach in Nürnberg.

Trotz der Folgen der Kinderlähmung nahm Ludwig Erhard ab 1916 freiwillig am Ersten Weltkrieg teil. Nach einer Fleckfiebererkrankung in Rumänien und Genesung in Deutschland meldete er sich wieder freiwillig bei seiner kämpfenden Einheit zurück. Durch eine schwere Verwundung an der Westfront bei Ypern und nach insgesamt sieben Operationen war der ursprüngliche Plan, im väterlichen Ausstattungsgeschäft tätig zu werden, unmöglich geworden.[31] Erhard war – wie Hitler – schwerverletzt gewesen. Er zog aber ganz andere Schlüsse daraus. Er war nicht verbittert und glaubte nicht an die »Dolchstoßlegende« (derzufolge wurde das Schicksal des »im Felde unbesiegten« deutschen Heers durch einen »Dolchstoß« von »vaterlandslosen« demokratischen Zivilisten besiegelt). Erhard gestaltete sein Leben neu und blieb den christlichen und liberalen Werten seiner Familie verbunden.[32]

Dazu sagte Erhard später: *»An meiner eigenen Haltung konnte schon damals niemand zweifeln, denn obwohl von Hause aus vaterländisch gesinnt, konnte ich für den sich krankhaft übersteigernden Pseudo-*

Nationalismus des erstehenden Dritten Reiches nur tiefe Verachtung und Abscheu aufbringen und dem auch gebührend Ausdruck geben«.[33]

Zunächst studierte Erhard an der Handelshochschule in Nürnberg u. a. bei Prof. Dr. Wilhelm Rieger (Privatwirtschaftslehre), dem Gründer und ersten Leiter der Hochschule. 1922 erlangte Erhard das Diplom. An der Universität Frankfurt promovierte er anschließend bis 1925 bei Franz Oppenheimer. Bis 1928 half er im Geschäft des Vaters mit, das im gleichen Jahr geschlossen wurde.

Von 1928 bis 1942 war Erhard Assistent und Mitarbeiter des Marktforschers Wilhelm Vershofen am Nürnberger Institut für Wirtschaftsbeobachtung. Erhards Habilitation scheiterte nach eigenen Angaben daran, dass die neuen Machthaber ihre Billigung mit einem Beitritt zu einer NS-Organisation verbanden. Er lehnte das ab.

»Dann müsse ich eben – so meinten die auf das tausendjährige Reich Vertrauenden – auf meine akademische Laufbahn verzichten. Aber dafür durfte ich mich wenigstens als ein freier Mann fühlen«.[34]

Nach Theodor Eschenburg hatten ihn die Nationalsozialisten 1942 aus der Institutsleitung gedrängt. *»Das wussten wir aber nicht, ebenso wenig was er in Berlin machte«* und beschrieb Erhard wie folgt:

»Er redete wenig, rauchte viel und trank gerne, konnte auch allerhand vertragen. Er war ein stiller, aber aufmerksamer Zuhörer. Nur wenn wir wegen Luftangriffen in dem beim Haus gelegenen Bunker saßen, erzählte er, selbst wenn die Bomben pfiffen und explodierten, die kalte Zigarre im Mund, harmlose, aber drastische Witze, als ob er am Stammtisch wäre. Der Schwager versuchte, dies mit leicht militärischem Ton zu unterbinden, was wenig half. Erhard zeigte nicht ein Minimum von Angst und hatte sie anscheinend auch nicht.«[35]

Im Auftrag der Reichsgruppe Industrie erstellte Erhard 1943/1944 seine für Carl Goerdeler bestimmte Denkschrift. Dieser sollte nach dem Sturz Hitlers Reichskanzler werden, wurde aber von den Nationalsozialisten 1944 verhaftet und 1945 hingerichtet. Der Titel war »Kriegsfinanzierung und Schuldenkonsolidierung«, dabei handelte es sich um eine Bestandsaufnahme mit Reformüberlegungen für die Zeit nach dem Krieg. Diese mutige Denkschrift wurde später für Erhard noch sehr wichtig. Sie war seine »Visitenkarte« für führende wirtschaftspolitische Aufgaben in der Nachkriegszeit. Carl Goerdeler selbst empfahl vor dem Attentat auf Hitler am 20. Juli 1944 Erhard seinen Freunden zur Lösung der Nachkriegsprobleme: *»Er wird euch gut beraten.«*[36]

2. **Die Lehrer** (Ulrich Horstmann)

Zu seinen wesentlichen Lehrern und Förderern gehörten Prof. Dr. Wilhelm Rieger, Prof. Dr. Franz Oppenheimer und Prof. Dr. Wilhelm Vershofen.

Wilhelm Rieger prägte, wie bereits sein Vater, Erhards liberale und wirtschaftliche Überzeugungen. Rieger vermittelte ihm die »Grundpfeiler der liberalen Sichtweise« und deren theoretische Grundlage).[37] In einer Rede an der FU Berlin 1964 erläuterte Erhard die Bedeutung seines Lehrers für seine Entwicklung: »Wilhelm Rieger hat mich zur Wissenschaft hingeführt«.[38]

Franz Oppenheimer war für Erhards spätere Politik vermutlich am wichtigsten, dafür spricht seine besondere Würdigung dieses Mannes. So führte er in der gleichen Rede aus, die er 1964 zu Oppenheimers 100. Geburtstag hielt, dass Franz Oppenheimer ihn »wissenschaftlich Denken in straffer innerer Zucht« gelehrt hätte.[39] Franz Oppenheimer, sein Doktorvater an der Universität in Frankfurt am Main, bezeichnete sich selbst als »liberalen Sozialisten«. Seine Überzeugung begründete Oppenheimer mit der Kritik am Kapitalismus und dem Marx'schen Kollektivismus anhand der folgenden vier Sätze:

1. *»Die Grundlage des ganzen Prozesses bildet die Expropriation der Volksmasse von Grund und Boden.*

2. *Das Kapitalmonopol wurzelt im Bodenmonopol.*

3. *Wo ein Monopolverhältnis besteht, ist Mehrwert.*

4. *Wo das Land Volkseigentum ist, ist Kapitalismus unmöglich«.*[40]

Der »liberale Sozialismus« sollte eine Synthese aus Kapitalismus und Marxismus sein, die deren Mängel aufhebt. Erhard selbst aber bezeichnete sich nicht als »liberalen Sozialisten« wie Oppenheimer (s. o.), sondern als Anhänger eines »sozialen Liberalismus«, der die Akzente anders setzt. Erhards Markwirtschaft war ohne Privateigentum undenkbar.[41]

Der dritte Lehrer, der Erhard prägte, war der Marktforscher Wilhelm Vershofen, Leiter des Nürnberger Instituts für Wirtschaftsbeobachtung. Er arbeitete mit ihm von 1928 bis zur Jahreswende 1942/1943 zusammen. 1934 wurde die Gesellschaft für Konsumforschung gegründet, in der Erhard neben Vershofen und Dr. Erich Schäfer den Vorstand bildeten. Erhard selbst hatte – vermutlich 1931 – eine Habilitationsschrift verfasst, die sich mit dem damals besonders brisanten Thema Arbeitslosigkeit befasste. Ob und inwieweit Vershofen mit der Arbeit zufrieden war, ist unklar. Die Universität Nürnberg nahm die Habilitation nicht an. Möglicherweise war Erhards Verhältnis zu Vershofen nicht immer ungetrübt, auch wenn ihm vom Institutsleiter wichtige Aufgaben übertragen wurden.[42]

3. Wissenschaftliche Weggefährten
(Ulrich Horstmann)

Der Kreis wissenschaftlicher Weggefährten Erhards ist groß. Neben volkswirtschaftlichen Fragen standen bei ihnen philosophische, soziologische, theologische und rechtliche Aspekte bei der politischen Ausgestaltung der Sozialen Marktwirtschaft im Vordergrund.

Zu den wichtigsten und vielseitigsten Vordenkern der Sozialen Marktwirtschaft zählte Walter Eucken (1891–1950). Mit den Juristen Franz Böhm (1895–1977) und Hans Großmann-Doerth (1894–1944) begründete Eucken die »Freiburger Schule«. Ökonomischer Wettbewerb und die Freiheit der Bürger auf den Märkten standen im Vordergrund dieser Lehre. Der Staat sollte diese Ordnung der Wirtschaft garantieren, um weitestmöglich den Wettbewerb und Freiheit zu sichern. Entmachtung der Monopole/Kartelle durch Wettbewerb stand im Fokus. Anregung für diese Politikgestaltung war das Scheitern des ungeordneten Manchester-Kapitalismus und des staatlichen Interventionismus sozialistischer/kommunistischer Diktaturen. Während im frühen Kapitalismus Macht durch Unterdrückung des Wettbewerbs, z. B. durch Kartelle zu einer sozialen Zerreißprobe für die Gesellschaften wurde, wurden in sozialistischen/kommunistischen Diktaturen mit zentraler Lenkung der zunehmende Mangel nur noch verwaltet.

Leonhard Miksch (1901–1950) gehörte zu den frühen Mitarbeitern und Beratern Erhards nach dem Zweiten Weltkrieg. Obwohl er SPD-Mitglied war, vertrat er die ordnungspolitischen Vorstellungen von Prof. Walter Eucken. Auch er gehörte zu den »Ideenträgern Ludwig Erhards«[43]. Ein wesentlicher Meilenstein dieser frühen Zusammenarbeit war die Preis- und Bewirtschaftungsfreigabe mit der Währungsreform 1948.

Der Ökonom, Soziologe und Politiker Prof. Dr. Alfred Müller-Armack (1901–1978) prägte den Begriff »Soziale Marktwirtschaft«. Für ihn war die Soziale Marktwirtschaft nicht nur eine Wirtschaftsordnung, sondern zugleich ein Gesellschaftsmodell. Er setzte auf den sozialen Ausgleich und trat stärker als andere Wegbegleiter für Umverteilung ein. Durch seine Tätigkeit als Leiter der Abteilung Wirtschaftspolitik ab 1952 und ab 1958 als Staatssekretär für europäische Angelegenheiten gehörte er zu den engsten Mitarbeitern Erhards.

Alexander Rüstow (1885–1963) war als Wirtschaftswissenschaftler und Soziologe ebenfalls einer der Vordenker der Sozialen Marktwirtschaft. Eigennutz und Allgemeinwohl waren durch die Gewährleistung der Freiheit des Marktes zu sichern. Der Staat muss die Freiheit des Leistungswettbewerbs garantieren, um Monopolmacht, Subventionen von Interessensgruppen und die damit einhergehende Korruption zu verhindern.[44]

Friedrich August von Hayek (österreichischer Sozialphilosoph und Nationalökonom, 1899–1992, erhielt 1974 den Wirtschaftsnobelpreis) und Wilhelm Röpke (deutscher Ökonom und Sozialphilosoph, 1899–1966) prägten die Soziale Marktwirtschaft ebenfalls als geistige Wegbereiter. Sie waren aber nicht wie Leonhard Miksch oder Alfred Müller-Armack aktiv politisch unter Erhard eingebunden. Als führender »Neoliberaler« kritisierte von Hayek besonders entschieden den Weg zum Wohlfahrtsstaat. Kollektivistische Gesellschaftsentwürfe lehnt er wie Karl Popper (österreichisch-britischer Philosoph, 1902–1994) ab. Ein institutionelles Rahmenwerk sah von Hayek als ausreichend an. Er warnte vor sozialistischen Tendenzen durch Überbetonung des »Sozialen« bei dem ohnehin schwammigen Begriff der »Sozialen Marktwirtschaft«. Die an Planwirtschaft im Nationalsozialismus gewöhnte deutsche Nachkriegsgesellschaft musste mit diesem Marketingbegriff an die freiheitliche Wirtschafts- und Gesellschaftsordnung, die Ludwig Erhard verwirklichen wollte, herangeführt werden. Röpke sah im Gegensatz zu von Hayek eine aktivere Rolle des Staates – wie u. a. auch Müller-Armack – als vertretbar an.

Wie ein Großteil seiner Weggefährten sah sich Erhard als »Neoliberaler«, ohne Anhänger einer bestimmten Schule zu sein. Heute wird der Begriff oft falsch wiedergegeben. Der frühe Liberalismus ohne Wettbewerbsordnung entspricht dem heute vielfach kritisierten Kapitalismus ohne Schranken. Faire, wettbewerbssichernde Regeln waren im frühen Laissez-faire-Kapitalismus nicht vorgesehen. In der bereits zitierten Rede von 1964 bekennt er sich als Neoliberaler. Seine tiefe Wertschätzung für seinen Lehrer Franz Oppenheimer kommt zum Ausdruck, auch seine Weggefährten wurden von ihm geprägt:

»Man reiht mich gemeiniglich ein in die Kategorie der ›Neoliberalen‹. Es mag so geschehen; ich wehre mich gar nicht dagegen, denn Gelehrte, von Walter Eucken angefangen über Wilhelm Röpke, Alexander Rüstow zu Hayek und Franz Böhm, um nur einige zu nennen, haben im tiefsten Grunde Oppenheimersches Gedankengut in sich aufgenommen und in unsere Gegenwart übersetzt, indem sie einen leidenschaftlichen Kampf gegen die Beschränkungen des Wettbewerbs und vor allen Dingen gegen Monopole führten. Sie zerstörten wie Oppenheimer den Optimismus sowohl der klassischen Lehre als auch des üblichen Liberalismus, daß die prästabilierte Harmonie ein Eigengewächs der wirtschaftlichen Entwicklung wäre. Nein, wenn und wo nicht ein vollständiger Wettbewerb besteht, wo immer Konkurrenz durch faktische oder rechtliche Maßnahmen unterbunden, unterdrückt oder geschmälert wird, gibt es keine Freiheit – dort gibt es auch keine Gerechtigkeit. Ich habe es mir angewöhnt, das Wort Gerechtigkeit fast immer nur in Anführungszeichen auszusprechen, weil ich erfahren habe, daß mit keinem Wort mehr Mißbrauch getrieben wird als gerade mit diesem höchsten Wert.«[45]

4. Von der Theorie zur Praxis (Ulrich Horstmann, Stephan Werhahn):

a) 1948: Währungsreform

Nach der Beendigung des Zweiten Weltkriegs war Ludwig Erhard der entscheidende soziale Revolutionär, der den im planwirtschaftlichen Denken verhafteten Deutschen einen neuen Weg wies. Entschlossen ging er gegen den Untertanengeist vor. Er war in der Spätphase der wilhelminischen Gesellschaft des Deutschen Kaiserreichs, das 1918 endete, und vor allem im nationalsozialistischen Führerstaat (1933–1945) staatsprägend, aber auch in der sogenannten »Ostzone«, nach dem Zweiten Weltkrieg »DDR« (1949–1990). Der Einzelne war zu einem Rädchen im System verdammt. Feigheit und Duckmäusertum wurden anerzogen.

Mut und Entschlossenheit waren notwendig, um die kartellierte Großindustrie, Kirchenkreise und Gewerkschaften von dem revolutionären Wandel zu überzeugen. Ludwig Erhard kämpfte unermüdlich für seine Ideen. Zunächst gewann er Vertrauen, vor allem bei der Bevölkerung, aber auch bei den Journalisten. Sie setzten sich, vertreten in den späteren Leitprintmedien FAZ, Handelsblatt, »Die Zeit«, der »Stern« »Der Volkswirt« und die »Wirtschaftswoche« für die Marktwirtschaft ein. Die FAZ wurde von der Wirtschaftspolitischen Gesellschaft von 1947 (Wipog) gegründet zur Durchsetzung einer freiheitlichen Wirtschaftsordnung.[46] Der Redakteur des Handelsblatts Wolfram Langer war Mitautor bzw. »Ghostwriter« von Erhards »Wohlstand für Alle«. Erster Mit-Herausgeber der Zeit und Verleger des Stern ist Gerd Bucerius. Er wurde 1990 mit der Ludwig-Erhard-Medaille für Verdienste um die Soziale Marktwirtschaft ausgezeichnet.

Bei den Verbänden, die um ihren Einfluss fürchteten, blieb die Skepsis lange erhalten. Erhard griff die Anhänger einer kartellierten Wirtschaft scharf an:

»Diese Unternehmenskreise müssen sich dann nur bewußt sein, daß sie auf der gleichen geistigen Ebene wie die Planwirtschaftler operieren, denn im Grunde gehen beide von der Konzeption – oder wie ich besser sagen möchte von der Illusion – aus, daß es möglich sein könnte, einen gesellschaftswissenschaftlichen Prozeß, in dem freie Menschen handelnd am Werk sind, in ein vorgezeichnetes Schema zu pressen oder einen mechanisch gesetzmäßigen Ablauf zu bringen«.[47]

Laufend warb Erhard für seine Politik in Rundfunkansprachen, Zeitungen und Reden, so z. B. am 28. August 1948:

»Mit der wirtschaftspolitischen Wendung von der Zwangswirtschaft hin zur Marktwirtschaft haben wir mehr getan, als nur eine engere wirtschaftliche Maßnahme in die Wege geleitet; wir haben damit unser gesellschaftliches und soziales Leben auf eine neue Grundlage und vor allem einen neuen Anfang gestellt. Wir mußten abschwören der Intoleranz, die über die geistige Unfreiheit zur Tyrannei und zum Totalitarismus führt.«[48]

Wesentliche Schritte für die Durchsetzung der freien Marktwirtschaft waren die Aufgabe der Bewirtschaftung, die Währungsreform mit einer unabhängigen Geldpolitik und die Wettbewerbssicherung. Besonderen Mut bewies Erhard als Wirtschaftsdirektor der Bizone (das zusammengefasste amerikanische und britische Besatzungsgebiet). So verkündete er unabgestimmt eine Wirtschaftsreform mit der Einführung der freien Marktwirtschaft und damit die Abschaffung der Bewirtschaftungsmaßnahmen mit Zuteilungen, Bezugsscheinen und Preiskontrollen. General Clay sollte danach Erhard entlassen. Legendär wurde Erhards Antwort gegenüber dem General:

»›Ich habe die Vorschriften nicht geändert, ich habe sie abgeschafft‹. Clay antwortete, ›Aber alle meine Berater sind gegen Ihr Vorgehen‹. Erhard blieb unbeeindruckt. ›Sie stehen nicht allein da. Meine Berater sind auch dagegen.‹«[49]

Erst die Währungsreform 1948, die nicht zuletzt von dem damals 26-jährigen US-Leutnant Edward A. Tenenbaum organisiert wurde, setzte den Startschuss für den wirtschaftlichen Wiederaufstieg.[50] Erhards Schritte zur Veränderung der verkrusteten und von Kartellen geprägten deutschen Wirtschaftslandschaft waren revolutionär. Sie entsprachen nicht dem damaligen Mainstream Denken. Er setzte auf den Mut und das Vertrauen der Bürger, ihre Fähigkeit, ihr Leben selbst zu gestalten.

Mächtige Wirtschaftskartelle, die Zonenverwaltungen sowie Wortführer in Parteien und Gewerkschaften standen den Veränderungen häufig ablehnend gegenüber. Die Entschlossenheit, das als richtig Erkannte den Bürgern zu vermitteln und entsprechend umzusetzen, war der große Verdienst Erhards.

b) Adenauer 1948/1949 zur »Sozialen Marktwirtschaft«

In dieser Zeit wird im Parlamentarischen Rat der Bundesrepublik Deutschland das Grundgesetz auf den Weg gebracht, und auch in wirtschaftlicher Hinsicht werden die grundsätzlichen Weichen für Deutschland gestellt. Konrad Adenauer notiert dazu in seinen Memoiren: *»Eine Mehrheit, bei der die CDU/CSU eine führende Rolle spielte, hatte im Frankfurter Wirtschaftsrat, der im Februar 1947 auf Anordnung der amerikanischen und britischen Militärregierung geschaffen worden war, gegen die Stimmen der SPD die Verantwortung auf sich genommen, die bis dahin betriebene Wirtschaftspolitik auf die sogenannte ›Soziale Marktwirtschaft‹ radikal umzustellen. Jeder sah den Erfolg dieser Umstellung, und wenn man bedenkt, daß die Zwangs- und Planwirtschaft schon seit dem Jahre 1934/1935 bestanden hatte, dann war nicht zu erwarten, dass nun in kurzer Zeit alle Schäden ausgemerzt wurden und ohne weiteres alles zum Guten gewendet werden konnte. Dazu gehören Zeit und Geduld. Jedoch die schon nach wenigen Monaten verzeichneten Erfolge waren verblüffend.*

Die SPD sagte zu diesen Erfolgen: Ja, eine Änderung ist eingetreten, aber die Änderung kommt nicht durch die Soziale Marktwirtschaft, sondern sie kommt erstens durch die Währungsreform, zweitens durch den Marshall-Plan und drittens durch den milden Winter. Aber alles das sei nur Scheinblüte.

Es waren jedoch nicht allein die Währungsreform, die Marshall-Plan-Hilfe und der milde Winter von 1948/1949, die den wirtschaftlichen Aufschwung in der Bizone gebracht hatten. Denn das zeigte sich sehr klar an dem Beispiel der französischen Zone. In der französischen Zone wurde gleichzeitig wie in der britischen und amerikanischen Zone die Umstellung der Währung durchgeführt, und auch die französische Zone nahm Anteil am Marshall-Plan, aber dort fand nicht gleichzeitig eine Umstellung der Wirtschaftsform statt. Und was war das Ergebnis? Die französische Zone blieb in ihrer Stagnation, in der sie sich vor der Währungsreform befand.
Außerdem muß man unterstreichen, was Professor Erhard, der Direktor des Wirtschaftsrates in Frankfurt, sagte: ›Die Einfuhr von Rohstoffen auf Grund des Marshall-Planes erfolgte erst Ende des Jahres 1948, und die Ankurbelung der Wirtschaft setzte fast schlagartig in dem Augenblick ein, als wieder der Wettbewerb zur Geltung kam und die Soziale Marktwirtschaft eingeführt wurde.‹

Was nun den milden Winter anging, so hatte er vielleicht auch einiges zu dem wirtschaftlichen Aufschwung beigetragen, aber ich glaube nicht, daß man vom milden Winter allein leben kann.
Zur Sozialen Marktwirtschaft möchte ich (d. h. Konrad Adenauer) im folgenden aus einer Broschüre der CDU/CSU vom Juli 1949 zitieren, in der die Soziale Marktwirtschaft folgendermaßen erläutert ist:

›Die ›Soziale Marktwirtschaft‹ ist die sozial gebundene Verfassung der gewerblichen Wirtschaft, in der die Leistung freier und tüchtiger Menschen in eine Ordnung gebracht wird, die ein Höchstmaß von wirtschaftlichem Nutzen und sozialer Gerechtigkeit für alle erbringt. Diese

Ordnung wird geschaffen durch Freiheit und Bindung, die in der ›Sozialen Marktwirtschaft‹ durch echten Leistungswettbewerb und unabhängige Monopolkontrolle zum Ausdruck kommen. Echter Leistungswettbewerb liegt vor, wenn durch eine Wettbewerbsordnung sichergestellt ist, daß bei gleichen Chancen und fairen Wettkampfbedingungen in freier Konkurrenz die bessere Leistung belohnt wird. Das Zusammenwirken aller Beteiligten wird durch marktgerechte Preise gesteuert.

Die ›Soziale Marktwirtschaft‹ steht im scharfen Gegensatz zum System der Planwirtschaft, die wir ablehnen, ganz gleich, ob in ihr die Lenkungsstellen zentral oder dezentral, staatlich oder selbstverwaltungsmäßig organisiert sind. Die ›Soziale Marktwirtschaft‹ steht auch im Gegensatz zur sogenannten ›freien Wirtschaft‹ liberalistischer Prägung. Um einen Rückfall in die ›freie Wirtschaft‹ zu vermeiden, ist zur Sicherung des Leistungswettbewerbs die unabhängige Monopolkontrolle nötig. Denn so wenig der Staat oder halböffentliche Stellen die gewerbliche Wirtschaft und einzelne Märkte lenken sollen, so wenig dürfen Privatpersonen und private Verbände derartige Lenkungsaufgaben übernehmen.

Die ›Soziale Marktwirtschaft‹ verzichtet auf Planung und Lenkung von Produktion, Arbeitskraft und Absatz.

Die ›Soziale Marktwirtschaft‹ bejaht jedoch die planvolle Beeinflussung der Wirtschaft mit den organischen Mitteln einer umfassenden Wirtschaftspolitik auf Grund einer elastischen Anpassung an die Marktbeobachtung. Diese Wirtschaftspolitik führt in sinnvoller Kombination von Geld-, Kredit-, Handels- und Zoll-, Steuer-, Investitions- und Sozialpolitik sowie anderen Maßnahmen dazu, daß die Wirtschaft in Erfüllung ihrer letzten Zielsetzung der Wohlfahrt und der Bedarfsdeckung des ganzen Volkes dient. Diese Bedarfsdeckung hat selbstverständlich auch eine angemessene Versorgung des notleidenden Teiles der Bevölkerung zu umfassen.‹«[51]

c) 1949: Der Bundeswirtschaftsminister: »Das Wirtschaftswunder«

Der Begriff »Wirtschaftswunder« steht heute für dem Boom in der frühen Nachkriegsepoche (1949 bis zu den 60er-Jahren). Die Bezeichnung wurde aber auch in der Zeit des Nationalsozialismus für den auf Pump finanzierten Aufschwung verwendet.[52] Das vermeintliche Wunder vernebelt, dass es – im Gegensatz zum nationalsozialistischen Schulden- und Verbrecherstaat – das Ergebnis einer guten Wirtschafts- und Sozialpolitik war. Sie beruhte auf einem freiheitlich-christlichen Menschenbild und setzte auf einen radikalen Neuanfang nach dem Ende des Terrorregimes. Er wäre ab 1945 ohne US-amerikanische Hilfe so nicht möglich gewesen.

Erhard selbst schätzte die Bezeichnung »Wirtschaftswunder« überhaupt nicht. Konsumverzicht und Sparen standen für ihn am Anfang im Vordergrund. Hinzu kamen individuell gute Ideen, harte Arbeit und auch Glück. Der Aufstieg war verbunden mit guten Startbedingungen. Neben den vielen Nachkriegskarrieren sei hier als Beispiel die von Werner Otto genannt:

1949 gründete Otto mit 6000 D-Mark Startkapital einen Versandhandel in Hamburg. Seine vier Mitarbeiter bastelten rund um die Uhr in Handarbeit die ersten Kataloge zusammen: dreihundert Exemplare, sechzehn Seiten, notdürftig mit einer Kordel zusammengebunden. Der Chef setzte auf Qualität. Höchstpersönlich zog er über die Dörfer und klapperte die süddeutschen Schuhfabriken ab. Er suchte erstklassige Ware. Als ihm ein größerer Posten Marineklapphosen angeboten wurde, die noch aus dem Krieg übrig geblieben waren, griff er zu. In seiner ›Herbst- und Winterkollektion 1950/51‹ nahmen die blauen Klapphosen einen festen Platz ein, umgeben von 28 Schuhmodellen, zwei Trenchcoats und vier Aktentaschen. ›Da merkte ich‹, so Otto später, ›aha, Textilien gehen ja noch besser als Schuhe. Und dann habe ich angefangen mit Textilien.‹«[53]

Viele weitere Beispiele ließen sich hier bringen, so z. B. der Aufstieg von Heinz Nixdorf, der 1952 sein »Heinz Nixorf Labor für Impulstechnik« gründete, das sich in den Kellerräumen der RWE in Essen befand, aber zurück zur Politikgestaltung in der frühen Nachkriegszeit.

Zwei kongeniale und gleichzeitig von ihrer Wesensart sehr unterschiedliche Politiker, Adenauer als erfahrener Staatslenker und Erhard als Wirtschaftsfachmann, setzten die Weichen für die Zukunft nach dem Zweiten Weltkrieg. Sie nutzten die Gunst der Stunde, neue Wege zu gehen. Während Adenauer außenpolitisch die Westbindung vorantrieb, konnte Erhard sein ordnungspolitisches Konzept der Sozialen Marktwirtschaft umsetzen. Obwohl sich Erhard und Adenauer hinter den Kulissen in vielen Fachfragen stritten, waren sie in den Grundlinien der Politik doch weitgehend einer Meinung.

Erhard setzte seine Reformpolitik nach der Währungsreform fort. Der Erfolg als Wirtschaftsminister fußte auf seinen klaren Grundsätzen: Die Politik sollte als Steigbügelhalter für die Bürger ausgestaltet sein. Hilfe zur Selbsthilfe stand im Vordergrund. Dazu gehörte die Belohnung des Sparens. Eine absolut freie Wirtschaft war für Erhard ein unerlässliches Korrelat zur Demokratie. Den Bürgern sollte Macht verliehen werden, nicht Verbänden oder Sozialbetreuern. Der Staat hatte sich daher auf das Notwendigste zu beschränken, um die weitestmögliche Freiheit sicherzustellen. Es galt der Grundsatz »so wenig Staat wie möglich, nur soviel sozialer Schutz wie nötig«. Eine funktionierende Wirtschaft war für Erhard auch die sozialste.[54]

Bei seiner freiheitssichernden Politik sollte sich der Staat nur dort betätigen, wo er wirklich benötigt wurde. Dazu gehörte neben der wettbewerbssichernden Ordnungspolitik eine funktionierende Infrastruktur, natürlich auch die Landesverteidigung und innere Sicherheit. Es galt für Erhard nicht nur der Grundsatz, Schulden zu begrenzen, sondern überhaupt keine Staatsverschuldung zuzulassen.

Dies ist ungerecht gegenüber den folgenden Generationen. »Maß halten!« galt besonders für den Staat. Die Entfaltung des Leistungswettbewerbs, Vollbeschäftigung und Preisstabilität gaben ihm recht. Flankiert wurde seine erfolgreiche Politik durch eine Freigabe der Währung, eine wirklich unabhängige, stabilitätsorientierte Geldpolitik (Deutsche Bundesbank) und Liberalisierung des Außenhandels.

Der Freihandel sollte sich entfalten. Erhard sorgte sich vor einer neuen Planwirtschaft in Europa und warnte vor einem Zentralismus nach französischem Staatsverständnis. Eine föderale Ordnung schafft Wahlfreiheit, unzufriedene Bürger können leichter abwandern. Der wirtschaftliche Niedergang der Sowjetzone, der späteren DDR, zeichnete sich bereits ab und war das Gegenbild zu einer freiheitlichen Gesellschaft. Wenn man diese Erhard'schen Grundsätze zusammenfasst, wird leicht erkennbar, dass es sich bei der heutigen Sozialen Marktwirtschaft um eine Produktfälschung oder einen Etikettenschwindel handelt. Mit Erhards Vorstellungen ist der »moderne« Wohlfahrtsstaat nicht in Einklang zu bringen. Er wird scheitern, da er nicht finanzierbar ist.

Der Wirtschaftsminister erwies sich als sozialer Revolutionär. Erhard wurde mit dem Erfolg seiner Politik überaus beliebt, Erhard erwies sich als Wahlschlager. Die CDU erzielte mit ihm die besten Ergebnisse ihrer Geschichte. Die Freiheit der Bürger nach den Drangsalierungen in Staat und Gesellschaft stand für Erhard im Fokus. Mit der Überwindung der wirtschaftlichen Not in den frühen Nachkriegsjahren sollten die Bürger wieder zunehmend Freiheitsspielräume haben. Der Weg aus der Knechtschaft war für ihn nicht ohne eine materielle Grundlage denkbar.

Erhard dazu: »*Wenn diese meine Ansicht nicht den Verdacht aufkommen lassen kann, daß ich das Materielle überbewerte, so glaube ich andererseits, daß vielleicht mit Ausnahme des Genies der Mensch sich seiner Persönlichkeit und Würde erst bewußt werden kann, wenn er nicht von materiellen Sorgen, von den kleinen Nöten des Alltags geplagt ist, d. h. also, wenn das Materielle dank der Möglichkeit einer Befriedigung keine übermächtige Rolle zu spielen braucht.«*[55]

Erhard ordnete dem Materiellen oder der Wirtschaft aber nicht alles unter. Er sah die Verbesserung der materiellen Basis aber als Zweck zur Befreiung von Abhängigkeiten, z. B. von kleinlichen Beamten in den Sozialämtern. Jede gesparte Mark ist ein Stück Freiheit!

Die ineffiziente Bürokratie des Behördenstaats war sein Feindbild. Den lähmenden Fürsorge- und Wohlfahrtsstaat lehnte er ab. Statt in anonymen sozialistischen Wohnsilos sollte ein Leben in einem Eigenheim möglich sein. »Wohlstand für Alle« bedeutete dann aber auch, wenn möglich, ein »Eigenheim für alle!«, in dem sich die Familie entfalten konnte. Wie das Sparen wurde auch das Wohneigentum gefördert. Ab 1949 konnten Baukosten bei der Einkommensteuer abgeschrieben werden, z. B. mit der »Abschreibung 7b«, die inzwischen aber abgeschafft ist.

Die Bürger sollten stolz auf ihr selbst erarbeitetes Vermögen sein. Sie waren wieder ihres Glückes Schmied, nicht andere (der Staat). Statt der »Verteilungsgerechtigkeit«, welche die Sozialpolitiker verfolgten, stand vor allem die – wirtschaftlich erfolgreiche – Selbststandigkeit im Fokus seiner Politik. Erhard bezeichnete in diesem Zusammenhang »Neid und Missgunst« als »deutsches Erbübel«[56]. Er trat darüber hinaus für eine Steuervereinfachung ein, welche die Verwaltungskosten senkt. Erhard tolerierte steuerliche Progression. Das jetzige Ausmaß aber wäre ihm vermutlich unerträglich gewesen, das heutige – immer komplizierter werdende – Steuer- und Abgabensystem wohl ein Albtraum. Das deutsche Steuersystem passt längst nicht mehr zu einer leistungsorientierten Sozialen Marktwirtschaft. Es ist ein Standortnachteil. Die vermeintliche Orientierung an Gerechtigkeit verdeckt, dass die Vielzahl von Spezialvorschriften fragwürdige Besserstellungen geschaffen hat. Gut »vernetzte« Einflussgruppen profitieren. Bei den Subventionen ist das noch schlimmer.

Erhard konnte seine freiheitlichen Ziele nicht alle durchsetzen. Insbesondere der Kampf gegen die wachsende Macht der Wirtschaft – ein Erbe der Vergangenheit – erwies sich als schwierig. Er konnte in dem erst 1958, nach langjährigen, zähen Verhandlungen, in Kraft getretenen Kartellgesetz nur einen Teil seiner ursprünglichen Absichten verwirklichen. Marktwirtschaftliche Klarheit wurde von Industrievertretern verwässert. BDI-Chef Berg warnte sogar, dass sich die Industrie an ein Kartellverbot nicht halten würde. Die Großindustrie war an Privilegien gewöhnt. Sie spielte immer wieder ihre Macht aus.[57] Dennoch war das Kartellgesetz ein Meilenstein und letztlich nur der Hartnäckigkeit von Erhard zu verdanken.

d) 1963: Bundeskanzler

Erhards Zeit als Bundeskanzler gilt als »glücklos«. Ihm fehlte die Entschlusskraft und Härte, die Adenauer besaß. Es entsprach auch nicht seinem Naturell, als »Strippenzieher« die Partei zu führen. Er konnte zuhören und diskutieren, ein »Basta-Politiker« war er nicht. Eher war er ein Volkskanzler, der moderierte. Das Volk schien das gut zu finden, Politiker kritisierten ihn. »Parteifreunde« warteten auf ihre Chance. Sein Laissez faire-Stil, der seiner ordnungspolitischen Weltanschauung entsprach, wurde nicht verstanden oder bewusst als Führungsschwäche missinterpretiert. In einer Zeit, als der nationalsozialistische »Führerstaat« noch nicht so lange zurücklag, waren die Veränderungen vielfach schwer zu bewältigen. Erhard verkörperte eine neue freiheitliche, bundesrepublikanische Politik.

Und das ständige Mahnen Erhards konnten viele nicht mehr hören. Der starke Staat sollte es wieder richten. Unter Führung des nachfolgenden Bundeskanzlers Kurt Georg Kiesinger wurde eine Große Koalition aus CDU/CSU und SPD gebildet. Erhard hatte vor erneuter Macht von Wohlstandsverteilern, für ihn wohl eher Mangelverwalter, immer wieder gewarnt.

Das Vordringen des Staats in persönliche Lebensbereiche sah Erhard durch deutsche kulturelle Besonderheiten bedingt. Neben der Vereinsmeierei kritisierte er in einem Brief an Konrad Adenauer Ende Mai 1955: »Die Entwicklung zum Versorgungsstaat« werde »nicht unwesentlich auch durch den deutschen Hang zu übersteigertem Ordnungsdenken, zum Gesetzesperfektionismus und das darauf beruhende Vordringen des Staates in immer weitere private, kulturell und wirtschaftliche Bereiche gefördert«[58]. Die Rufe nach staatlicher Hilfe führte Erhard auch auf Reste nationalsozialistischen Gedankenguts zurück.

Der Volkskanzler Erhard erkannte, wo dem Volk der Schuh drückte. Er fand bei den Wählern begeisterte Zustimmung. Der Wahlsieg 1965 fiel grandios aus. Dennoch: Politiker, Sozialverbände und Vertreter der Großindustrie bekämpften ihn. Sie beanspruchten wieder die »Deutungshoheit« darüber, was die vermeintlich Schutzbedürftigen brauchten und hatten damit doch nur eigene Interessen im Blick. Genau diese Politik kritisierte Max Weber. Persönliches Machtstreben, Eitelkeit, unsachliche und unfaire Kritik, die oft wenig Sachverstand erkennen ließ, trugen zur politischen Demontage Erhards bei.

e) 1966: Das Ende einer Ära

Glücklos und von Karrieristen umgeben, musste der »Volkskanzler« 1966 abtreten. Erhard setzte – wie erwähnt – bis zum Ende seiner Amtszeit auf das Laissez faire-Prinzip. Dies entsprach auch seinen wirtschaftlichen Vorstellungen. Letztlich hat dies seine »Parteifreunde« ermuntert, ihn vorzeitig und trotz des großen Wahlerfolgs von 1965 bereits ein Jahr später zu stürzen. Das kam einem »Staatsstreich« gleich. Der »Talisman« der Deutschen, wie ihn Karl Georg von Stackelberg nannte, musste gehen. Der Gefälligkeitsdemokratie und der damit einhergehenden Staatsverdrossenheit wurden danach keine wirksamen Schranken mehr gesetzt. Stattdessen sind die politische und wirtschaftliche Freiheit der Konsumenten in den Vordergrund zu rücken. Die Konsumenten sind Arbeitgeber der Wirtschaft,[59] Kartelle sollten nicht bestimmend sein. Dies entsprach den ersten Reformmaßnahmen Erhards.

Herbert Gruhl wies in seinem Essay auf den Verrat Ludwig Erhards hin.[60] Er zitierte aus dem heute weitgehend unbekannten, aber äußerst lesenswerten Buch »Soziale Marktwirtschaft – Ordnung der Zukunft«, das von Ludwig Erhard und Alfred Müller-Armack im Jahre 1972 herausgegeben wurde:

»Es ist also nicht wahr, daß eine Marktordnung, wie die Soziale Marktwirtschaft, wesentlich auf die Maximierung des Sozialprodukts oder sonst eines Einzelzieles gerichtet ist. Sie ist auf überhaupt kein Ziel gerichtet als nur das eine, ein geordnetes Zusammenleben der Menschen zu ermöglichen, damit jeder seine eigenen Ziele überhaupt erst mit grundsätzlicher Aussicht auf Erfolg verfolgen kann (...)

»Glaubt eine Mehrheit von Menschen, Konsum und Wirtschaftswachstum bedeute höchste Lebenserfüllung, so wird die Marktwirtschaft auch die bestmögliche Verfolgung der Ziele Konsum- und Wachstumsmaximierung ermöglichen, aber sie ermöglicht genauso die Verwirklichung ganz anderer Werte durch eine Mehrheit oder Minderheit ihrer Mitglieder.«[61]

Erhard lehnte die Wachstumsratenpolitik, wie sie später von der SPD-Regierung und den Gewerkschaften betrieben wurde, ab. Zentrale Planung wurde wieder modern. Größenwahnsinn statt einer subsidiären bürgernahen Politik waren die Kennzeichen: Ausschweifende Gebietsreformen, neue sozialistische »Musterbetriebe« (Neue Heimat) und regierungsnahe Staatsbanken kamen in Mode. Wirtschaftsvertreter und Gewerkschaften restaurierten ihre Macht. Kartelle waren wieder hoffähig. Subventionen auch, z. B. für die Kohleindustrie. Erhard war »out« und wurde aufs Altenteil gesetzt. Eine erfolgreiche Ära war damit beendet.

Seine Lehre wurde immer weniger weitergegeben, geriet zunehmend in Vergessenheit ebenso wie sein Standardwerk: »Wohlstand für Alle«.

Zufall? Wohl weniger. Sicherlich politisch gewollt. Die Staatsmacht wuchs.

f) Ludwig Erhard im Spiegel prominenter Zeitzeugen

Edward Tenenbaum hatte maßgeblich die Währungsreform 1948 organisiert, der damalige Bundesbankchef Hans Tietmeyer erläuterte in seiner Rede „50 Jahre Deutsche Mark« in der Paulskirche zu Frankfurt am Main am 20. Juni 1998: »*Insbesondere der damals noch junge, leider viel zu früh verstorbene Offizier und Wissenschaftler Edward A. Tenenbaum erwarb sich dabei unvergessene Verdienste*«. Wie Erhard galt Tenenbaum »*als brillanter Kopf, aber als eigensinnig und zu wenig bestimmt in der Wahrung seiner persönlichen Interessen*«[62].

Tenenbaum »*erinnerte sich, wie sich deutsche Politiker prophylaktisch darum bemühten, ihre Wähler darauf hinzuweisen, daß die Militärregierungen so manche deutschen Vorschläge und Einwände abgewiesen hätten. Einige Jahre später, vermerkte er lakonisch, habe er einem Erhard-Interview mit einem amerikanischen Wirtschaftsmagazin entnommen, daß die »deutsche« Reform trotz alliierten Widerstands gelungen sei. An sich, meinte Tenenbaum, ging es Bonn nur noch darum, die Unzulänglichkeiten aufs Konto der Militärregierungen, den Erfolg aufs Konto der Deutschen zu buchen. (...) Als der Finanzberater von General Clay, Jack Bennett, einmal die Sorge äußerte, dass die Währungsreform als eine deutsche Leistung in die Geschichte eingehen könnte, erwiderte Tenenbaum lakonisch: ›Who cares who gets the credit‹.*«[63]

Die D-Mark war damit deutlich mehr als von deutscher Seite überliefert, ein Produkt der amerikanischen Militärregierung, das auf einen radikalen Neuanfang setzte, organisiert von dem versierten jungen Finanz- und Geldexperten Tenenbaum.

Wie Tietmeyer in seiner oben genannten Rede 1998 ausführte, standen am Beginn der D-Mark 1948 *»keine Jubelfeiern, keine Feuerwerke, sondern nur einige dürre, stereotyp sich wiederholende Worte des Kontrolloffiziers und Sprechers im Radio Frankfurt Robert Lochner: ›Das neue Geld heißt: Die Deutsche Mark. Jede Deutsche Mark hat hundert Deutsche Pfennig. Das alte Geld – die Reichsmark, die Rentenmark und die alliierte Militärmark – ist vom 21. Juni ab ungültig.‹*

(...) Und doch: Der Start der Deutschen Mark wäre wohl nie zu jenem denkwürdigen Erlebnis geworden ohne die gleichzeitige weitgehende Freigabe der Preise. Sie war von den wirtschaftspolitisch bedeutsamen Entscheidungen, die Deutsche nach 1945 getroffen haben, wohl am stärksten von einer einzigen Persönlichkeit geprägt: von Ludwig Erhard.«[64]

Lucius D. Clay erinnerte ebenfalls daran, dass die Währungsreform eine Entscheidung der alliierten Besatzer war. Ihr Starttermin wurde streng geheim gehalten. Die Entscheidung, die Kontrollen gleichzeitig abzuschaffen, war Erhards Entscheidung, und der schnelle Erfolg gab ihm recht.[65]

Ohne Erhard und die US-Amerikaner, die ihm früh Vertrauen schenkten, wie Lucius D. Clay, hätte es keinen so klaren Neuanfang gegeben. Vermutlich eher die Restauration fragwürdiger Großindustrieinteressen und ihrer Kreditgeber. Die Journalistin Julia Dingwort-Nusseck beschrieb Erhard wie folgt:

»Er sprach ungepflegt, sah lächerlich aus, war Wirtschaftstheoretiker und absolut kein fleißiger Aktenleser, konnte nicht finassieren und war ohne Hausmacht.«[66]

Er war damit merkwürdig, nicht unbedingt ein typischer Erfolgsmensch, aber innovativ und wurde mit seiner Zigarre zum Symbol des neuen Wohlstands.

Franz Josef Strauß würdigte die Leistung von Erhard noch emphatischer: »*Nirgendwo in der Welt und nirgendwann in der Geschichte hat jemals die Verwirklichung eines sozialistischen Gesellschaftsmodells und einer sozialistischen Gesellschaftsordnung, gleichgültig, unter welchen Vorzeichen sie stand, zu einer solchen Verbesserung der Lebenshaltung, der Einkommensverhältnisse, der Eigentumsbildung, des Zutritts immer größerer Kreise des Volkes zu den gehobenen Mitteln der Daseinsgestaltung und den höheren Verbrauchsgütern geführt wie bei uns die Politik der Sozialen Marktwirtschaft.*«[67]

Kurt Biedenkopf, ebenfalls Zeitzeuge, schreibt:

»*Noch immer empfinde ich Dankbarkeit dafür, dass er meiner Generation die Tür zur wirtschaftlichen Freiheit geöffnet hat, noch ehe es die Bundesrepublik gab, noch ehe sich die politischen Widerstände organisieren konnten, die seine Entscheidung hätten verhindern können. (…)*

Erhard war nicht nur Politiker, er war ein Visionär und ein Prophet. Seine Ordnung der Sozialen Marktwirtschaft hatte die Kräfte der Bevölkerung freigesetzt und ihr zu Wohlstand verholfen. (…)

Ludwig Erhard war der damaligen Unfähigkeit, seine Appelle richtig zu deuten, nicht gewachsen. Das macht wohl die Tragik seiner letzten Lebensjahre aus. Aber seine Botschaft lebt weiter, als eine Stimme unserer Ahnen. Sie ist heute gültiger denn je. Unsere Jugend wird sie verstehen. Sie teilt Erhards Vision vom Glück des Lebens. Sie wird auf ihn hören.«[68]

5. Sein Abgang und die Folgen bis heute – Kritik an Sahra Wagenknechts Buch »Freiheit statt Kapitalismus« (Ulrich Horstmann)

Mit dem steigenden Wohlstand der Bürger verschob sich aus Konsumentensicht der Wettbewerb vom Aspekt »Preis« zu »Qualität«. Die Verbesserung der Lebensverhältnisse ließ Bedürfnisse aufkommen, deren Erfüllung bisher als unerreichbar galt. Sie konnten bislang mit den eigenen finanziellen Mitteln nicht verwirklicht werden. Über die materiellen Aspekte hinaus stieg auch der Wunsch nach einer sauberen Umwelt. »Fortschrittliche« Politiker und Verbände drängten in den Sozialbereich. Nicht der Einzelne, sondern das Kollektiv stand im Fokus. Funktionäre konnten mit dem Erkämpfen neuer sozialer Errungenschaften für das Kollektiv ihre Macht erweitern. SPD und Gewerkschaften bildeten in den 70er-Jahren eine durchsetzungsstarke Gemeinschaft, aber sauber finanziert waren die »Wohltaten« nicht.

Die zunehmende Rundum-Versorgung verführte den Einzelnen dazu, sich persönlich zu hoch zu verschulden. Diese individuellen Risiken würden nicht bestehen, wenn – so interpretierte man – die Risikogemeinschaft/der Staat die Tragfähigkeit des Risikos stützte. Um wiedergewählt zu werden, propagierten Politiker den Staat als Problemlöser.

Aus einem beherrschbaren persönlichen Risiko – für das eigene Leben zu sorgen – wurde vor diesem Hintergrund ein nicht mehr tragbares kollektives Risiko. Am Ende war die Sozialgemeinschaft überschuldet und brauchte drastische Gegenmaßnahmen.

So geriet mit der einseitigen Wachstumsfokussierung das ordnungspolitische Leitbild der Sozialen Marktwirtschaft Erhards in den 60er-Jahren zunehmend in die Kritik. Seine Vorstellungen von einer formierten (konsensorientierten) Gesellschaft konnte er nicht durchsetzen. Die Forderung, »Maß zu halten«, fand kein Gehör mehr. Die

Gewerkschaften und andere Interessengruppen heizten den Verteilungskampf an. Durch eine gezielte Ausweitung der Staatsaktivität wurde in den 70er-Jahren eine maßlose Staatsverschuldung in Gang gesetzt.

Mit der Verabschiedung des Stabilitäts- und Wachstumsgesetzes 1967 wurde interventionistisch ein »magisches Viereck« der Wirtschaftspolitik formuliert, das die Ziele Preisniveaustabilität, hoher Beschäftigungsstand, außenwirtschaftliches Gleichgewicht bei angemessenem und stetigem Wirtschaftswachstum bestmöglich verwirklichen sollte. Ehrgeizige Politiker wurden von einem neuen Machbarkeitswahn erfasst. Im Zuge der verbesserten Datentechniken schien der Wohlfahrtsstaat leicht auch zentral machbar zu sein. Es handelte sich vermeintlich nur noch um ein Berechnungsproblem, um ein Maximum an gesellschaftlichem Wohlstand zu erzielen. Der Wohlfahrtsstaat wurde mit immer neuen Schulden finanziert, dessen gigantische Last den Generationenvertrag nach und nach zu sprengen drohte. Die staatliche Altersvorsorge scheiterte zunehmend. Die schuldentreibende Politik trug zum Niedergang der sozialliberalen Koalition Anfang der 80er-Jahre bei. Sie erzwang später tiefgreifende Reformen.

Maß halten war, wie bereits erwähnt, unpopulär. Politiker forderten immer mehr Wachstum, auch die Gewerkschaften. So war das Verteilen leichter. Erhard setzte noch auf die Verbesserung der Einkommenserzielung und das Sparen der Bürger. Jetzt wurde aber erst mal verteilt – zu Lasten späterer Generationen.

ÖTV-Chef Heinz Kluncker (»Klotz Kluncker«) setzte 1974 Lohnsteigerungen von heute unvorstellbaren 18 Prozent in der Spitze durch.[69] Gute wirtschaftliche Kennziffern standen auch im Westen zu Lasten des Umweltschutzes im Vordergrund. So galt für Erhard und Armack: »Es ist ökonomisch höchst naiv, die Meßziffer für das Wirtschaftswachstum, die reale Veränderungsrate des Bruttosozialprodukts, in irgendeiner Weise mit der Vorstellung zusammenzubringen, daß die ›kollektive Wohlfahrt‹ gesteigert werde.«[70]

Der Sozialismus wurde seit den 70er-Jahren wieder etabliert, nachdem die Erhard'sche Marktwirtschaft abgeschafft war. Erhards Soziale Marktwirtschaft galt nur als Zwischenepisode. Die Verfälschung seiner Lehren betrifft auch die Begriffe. Die Bezeichnung »sozial« war von den Wegbereitern der Sozialen Marktwirtschaft ganz anders verstanden worden als heute. Ein allmächtiger Wohlfahrts- und Betreuungsstaat war das genaue Gegenteil von dem, was Erhard wollte: Der Staat hatte absoluten Wettbewerb ohne Einschränkungen (z. B. durch Kartelle) zu garantieren. Damit waren auch die Marktergebnisse sozial und fair – sowohl für die Produzenten als auch die Verbraucher. Sie profitierten von den günstigeren Preisen.

Vor aktuellen Fehlinterpretationen Erhard'scher Vorstellungen ist zu warnen, wie dies bei Sahra Wagenknechts Buch »Freiheit statt Kapitalismus«[71] der Fall ist. Ein solcher »Erhard reloaded« ist im Sinne der Bürger abzulehnen:

»Beim Lesen des ersten Teil des Buchs war ich zunächst begeistert. Sahra Wagenknecht hat den sozialen Revolutionär Ludwig Erhard entdeckt. Was für eine Chance für unser Land, wenn dies in der Breite der Fall wäre. Die Botschaften von ihm, auch zeitgenössisch als ›Erhard Reloaded‹ bezeichnet, finden wieder einen, wenn auch noch viel zu kleinen ›Fankreis‹. In den bürgerlichen Parteien scheint er und seine Politik (noch?) in der ›Mottenkiste‹ zu stecken. Erhard war ein ›Anwalt der Armen‹. Er wollte nach (dem) Zweiten Weltkrieg Kleinbürger/Untertanen aus staatlicher Betreuung entlassen und ihnen eine faire Aufstiegschance geben. Die positive Rolle der Politik war dabei: Freiräume schaffen, Wettbewerb sichern (durch Verhindern von Machtmissbrauch), auch steuerlich entlasten. Im ersten Teil des Buchs ›Unproduktiver Kapitalismus‹ weist sie treffsicher auf Schwächen des Kapitalismus hin. Er ist mit Politikversagen verbunden. Der ›Sozialismus für

Reiche‹ wird verstärkt. Der zweite Teil des Buches ›kreativer Sozialismus: Einfach. Produktiv. Gerecht‹ enttäuschte mich dagegen. Sie plädiert zwar nicht für den Zentralismus nach dem Vorbild der früheren Sowjetunion, sieht die Verstaatlichung der Großindustrien aber als Lösungschance für die Krise. Das ist nicht neu. Was ist daran kreativ? Diese ›Veränderung der Eigentumsordnung‹ war eben kein (Gedanke von Ludwig) Erhard. Er setzte auf freie Bürger und schürte im Erfolgsfall keinen Sozialneid. Er hielt an Wettbewerb und Privatwirtschaft fest, wollte aber den Machtmissbrauch verhindern. Daher kämpfte er solange für ein scharfes Kartellrecht und konnte seine Ziele nur teilweise verwirklichen. Eine florierende Wirtschaft war für Erhard ›gemeinwohlorientiert‹. Dass Unternehmer Gewinne maximieren wollen, war für ihn selbstverständlich. Der Staat hat nur die Grenzen für Missbrauch zu setzen. Hier versagt die aktuelle Politik. Sahra Wagenknecht ist der Auffassung, dass eine ›kreative Wirtschaftsordnung‹ ihres Erachtens nicht die Aufgabe hätte, auch die unproduktiven Erben der Unternehmensgründer zu unterstützen (S. 344). Kreative ›Schumpeter-Unternehmer‹ waren auch für Erhard erfreulich. Sie sind aber als Pioniere Teil der Privatwirtschaft. Kapitallenkung durch den Staat lehnte er ab. Die Bereitstellung einer guten Infrastruktur, ›Plattformen‹, die Märkte schaffen und sichern, das wäre vermutlich eher im Sinne Erhards gewesen. Zusammenfassend liefert Sahra Wagenknechts Buch eine gute Diskussionsgrundlage. Ihr ›kreativer Sozialismus‹ ist mit Ludwig Erhards Vorstellungen aber unvereinbar. Er wollte freien Wettbewerb in Eigenverantwortung. ›So wenig Staat wie möglich, nur so viel Soziales wie nötig‹. Ihr Slogan, auch am Ende des Buchs ›Freiheit statt Kapitalismus‹ müsste lauten ›Freiheit statt Sozialismus‹ oder konkreter und wohl Erhard gemäßer ›Sicherung von Demokratie und Freiheit durch eine freie Marktwirtschaft, die Machtmissbrauch (Kartelle) entschieden verhindert‹.[72]

6. Erhard als Visionär: Chancen für die Zukunft?

a) Mündiger Bürger statt Untertan (Ulrich Horstmann)

Der Markt war nach Erhard dann sozial, wenn der Staat freien und uneingeschränkten Wettbewerb garantiert. Eine solche Ordnungspolitik setzt auf Machtkontrolle der Wirtschaft, z. B. durch Auflösung von Kartellen, starke Banken- und Versicherungsaufsicht. Außerdem besteht das Leitbild eines schuldenfreien Staates. Auch durch eine unabhängige, stabilitätsorientierte Geldpolitik im Sinne der Bürger gibt es keine Spielräume für Politiker, das erwirtschaftete Volksvermögen zu zerstören. Interventionismus und gängelnde Fehl- und Überregulierungen für die Wirtschaft sind tabu. Ein sozialer Betreuungsstaat, der die Eigenverantwortung schwächt, ist ebenfalls nicht vorgesehen.

Wie weit wir uns von diesen freiheitlichen Prinzipen entfernt haben, lässt sich unschwer erkennen. Aber nur durch die Rückkehr zu diesen freiheitlichen Prinzipen lässt sich wieder »Wohlstand für Alle« schaffen. Die Alternative ist der Rückfall in den umverteilenden, zentralistischen Behördenstaat. Er verteilt die wachsende Armut an sozial und demokratisch entrechtete und vor lauter Not dann auch noch gehorsame Untertanen.

Statt auf den »Lenkungsstaat mit enger Führung« setzte Erhard auf freie und selbstbewusste Bürger. Er warnte vor geschichtlichen Rückfällen, zumal er den »Führerstaat« und die nationalsozialistische Ideologie in den 1930er- und 1940er-Jahren in Deutschland bis zur Währungsreform selbst miterlebt hatte: *»Eine oft ausschließlich materiell bestimmte Grundhaltung weiter Kreise der Bevölkerung charakterisiert die Lage – 18 Jahre nach Beendigung der größten Katastrophe deutscher Geschichte. Aus diesem Grunde bedeutet es eine wesentliche Aufgabe aller verantwortungsbewußten Kräfte im Lande, jenen Leistungswillen, der uns gerettet hat, für alle Zukunft wachzuhalten.«*[73]

Dieser Leistungswille ist auch derzeit vorhanden. Grundsätzlich hätten junge Menschen heute gute Perspektiven. Immer weniger Bewerber konkurrieren demographiebedingt um attraktive Stellen. Bei dem Ringen um gute Arbeitskräfte wäre mit kräftigen Lohnsteigerungen zu rechnen. Junge Menschen werden hier einerseits durch die Zuwanderung kleingehalten. Sie ist Folge einer verfehlten, staatlich dirigistischen Europapolitik. So drängen gerade im Zuge der Eurokrise aus Verzweiflung junge, gut ausgebildete Südeuropäer nach Deutschland. Andererseits hat die Jugend Soziallasten für Alte zu tragen, für die sie nicht verantwortlich sind.

Der »Generationen«-Vertrag bürdet ihnen Lasten auf, die sie nicht mehr tragen können. Der Sozialhaushalt beträgt etwa die Hälfte der Staatsausgaben und steigt immer weiter. Ältere zehren jetzt von den Pfründen, die sie für sich geschaffen haben, auf Kosten nächster Generationen. Und das in normalen Zeiten in einem Wohlstandsstaat.

Das Kinderkriegen wird unattraktiv, junge Eltern haben die Renten anderer Leute zu finanzieren. Das (ohne staatliche Eingriffe) gesunde Familiensystem ist ausgehöhlt.

Diese Umverteilung ist ethisch nicht vertretbar. Und sie geht immer weiter. Ministerin Schwesig fordert auch noch ein höheres Elterngeld. Diese Zwangsbeglückungen des Wohlfahrtsstaats sind längst nicht mehr finanzierbar. Durch die zu niedrigen Zinsen bleibt Sparern nichts übrig. Ein Kapitalaufbau zur Absicherung im Alter ist so für die Jungen nicht möglich. Daher müssen sie sich mit dem Gedanken vertraut machen, zu Bittstellern gegenüber der Sozialgemeinschaft zu werden. Der Staat kann diese Lasten aber auch nicht tragen, da das ganze System mangels Finanzierbarkeit kippt.

So werden keine mündigen, selbstbewussten Bürger, sondern angepasste Untertanen erzogen.

Die Jugend ist noch erstaunlich ruhig. Allenfalls passiver Protest: Wahlenthaltung, »Abstimmung mit den Füßen«. Sie wandert in Staaten aus, in denen faire Aufstiegschancen bestehen und ihr Können belohnt wird. Diese fatale Entwicklung erzwingt damit eine Entstaatlichung der Sozialsysteme.

b) Wohlstand durch Wettbewerb (Ulrich Horstmann)

»Also nicht, weil die Kartelle und Konzerne die vornationalsozialistische Marktwirtschaft verfälscht, in Unordnung gebracht und diskreditiert haben, nicht weil diese Entwicklung zur Wirtschaftskrise der Jahre 1929–1933 entscheidend beigetragen, die Krise verschärft und ihre Überwindung erschwert haben, sollen sie nunmehr verboten, aufgelöst und entschachtelt werden, sondern deshalb, weil sie sich als geeignete und gefährliche, Schrittmacher für die Überführung eines freien in ein autoritäres Wirtschaftssystem erwiesen haben.«[74]

Kartelle sind für eine Marktwirtschaft schädlich. Der Ökonom und Politiker Franz Böhm sah sie sogar als »Schrittmacher für die Überführung eines freien in ein autoritäres Wirtschaftssystem«. Große Unternehmen verfügen über Macht, sie beeinflussen Politiker und bestimmen die Marktordnung zu ihrem Vorteil. Markteinsteiger oder kleinere Anbieter werden ausgeschlossen. Aber gerade sie müssen eine faire Chance bekommen, sich zu bewähren. Für das Gelingen der Sozialen Marktwirtschaft ist dies grundlegend und gipfelte in der Formel »Freiheit durch Wettbewerb«. Staatliche Hilfen, wie sie beispielsweise zugunsten der Agrarwirtschaft, der Stahlindustrie und des Ruhrbergbaus erfolgten, sind nicht konform mit freier Marktwirtschaft. Sie verzerren den Wettbewerb. Eine Marktwirtschaft sieht das Scheitern vor, das gleichzeitig die Chance anderer ist, bei einem fairen Wettbewerb Marktanteile zu gewinnen. Erhard sagte dazu in einem Vortrag 1954:

»Wenn ein Unternehmer im freien Wettbewerb eine starke Position erlangt, sind dagegen keine Bedenken zu erheben, denn diese Position beruht auf persönlicher Leistung; sie wurde im Markt ehrlich errungen. Der Wettbewerb rund um eine solche Position wird schon dafür sorgen, dass die Bäume nicht in den Himmel wachsen. Wenn aber durch Kartelle der Versuch unternommen wird, bestimmte Gruppen der Wirtschaft ohne Leistung, das heißt lediglich durch einen juristischen Akt, in eine Monopol- oder auch nur in eine Machtstellung zu bringen, dann kann der Leidtragende nur der Verbraucher sein.«[75]

Die Wirtschaft ist für den Menschen da, nur richtig verstanden. Nicht im sozialistischen Sinn. Nicht im Sinn von Großkonzernen, die wettbewerbsverhindernde Regeln durchsetzen. Die Verbraucher sind der Maßstab, dazu Ludwig Erhard in der gleichen Rede:

»Ich habe es immer wieder zum Ausdruck gebracht, dass es in meinem Bild der Wirtschaft nur einen Maßstab gibt, und das ist der Verbraucher. Es gibt nur einen Richter über Gut und Böse in der Wirtschaft, über das Nützliche und das Unnütze: den Verbraucher. Denn welchen anderen Zweck sollte eine Wirtschaft haben als den, der Gesamtheit eines Volkes zu immer besseren und freieren Lebensbedingungen zu verhelfen, Sorgen zu überwinden und den Segen der Freiheit – nicht nur der materiellen, sondern auch der geistigen und seelischen Freiheit – allen teilhaftig werden zu lassen? Das Gefühl der Befreiung beruht zu einem guten Teil auf der ökonomischen Grundlage. Wenn viele Menschen in einer Wirtschaft, in einem Staat, von der Sorge gequält sind, was morgen ihr Schicksal sein wird, kann man nicht von Freiheit sprechen. Denn frei, wahrhaft frei als Persönlichkeit und wahrhaft frei gegenüber dem Staat und seinen Einrichtungen ist nur derjenige, der gewiss sein kann, kraft eigener Leistung und eigener Arbeit bestehen zu können, ohne Schutz, aber auch ohne Behinderung durch den Staat.«

Ein Rechts- und Wirtschaftssystem mit sicheren Kapitalerträgen für Monopolunternehmen (»Sozialismus für Reiche«) und geringen Sparerträgen – bei niedrigen, hoch besteuerten Löhnen – von Arbeitnehmern (»Kapitalismus für Arme«) ist konfliktträchtig. Wirtschaftliche Macht ist durch eine wirksame, international abgestimmte Anti-Kartellpolitik zu bekämpfen, nicht durch immer stärkere Einschränkungen unternehmerischer Freiheit. Zu viel steht auf dem Spiel. Wirtschaftliche Vermachtung unterhöhlt die Demokratie. Die ordnungspolitischen Grundlagen der Wirtschaft erodieren, sie dienen nicht mehr vorrangig den Interessen der Bürger, sondern den interessengeleiteten Meinungsmachern. Die aktuellen Strukturen erinnern wieder an den Frühkapitalismus, auch dazu sagte Ludwig Erhard:

»Wir sprechen in Deutschland von Sozialer Marktwirtschaft, weil wir es im Gegensatz zum Kapitalismus vergangener Tage und zum Liberalismus früherer Prägung – etwa dem »Manchester-Liberalismus« – nicht mehr zulassen wollen, dass sich innerhalb der Wirtschaft Machtpositionen bilden. Wir lehnen vor allem Kartelle ab. Wir glauben, dass sich künstlich konstruierte Machtpositionen nicht mit der Vorstellung eines freien Wettbewerbs in Einklang bringen lassen.«[76]

Wenn nach Erhard bestimmte Gruppen der Wirtschaft ohne Leistung und damit durch einen juristischen Akt, in eine Monopol- oder auch nur in eine Machtstellung gebracht werden, ist der Leidtragende der Verbraucher. Er zahlt höhere Preise als bei echtem Wettbewerb. Zur Sicherstellung von Chancengerechtigkeit muss auch die vermachtete Finanzindustrie umfassend reformiert werden. Mit einer Kartellbehörde, die mit ausreichender Sachkompetenz und Durchsetzungsmacht versehen ist, könnten wieder viele kleinere und im echten Wettbewerb stehende Finanzinstitute geschaffen werden. Die aktuelle Regulierungswut stärkt große Finanzhäuser, die entsprechende Fachleute in ausreichender Zahl beschäftigen können. Mit der europäischen Finanzaufsicht wird durch rechtliche, organisatorische und kulturelle Unterschiede eine Komplexität geschaffen, die schwer zu bewältigen ist.

Mehr Subsidiarität statt zentraler Lenkungsvorgaben wäre sinnvoll. Auch strukturell sind die Unterschiede gravierend. So sind die Finanzministerien, die Notenbanken und die Geschäftsbanken in Südeuropa in einer Weise verwoben, die hierzulande als unzulässig gilt. Die Kontrolle des Bankensystems führt zu einer Aufgabenüberfrachtung, die den Interessenkonflikt verstärkt. Wenn ein Bankenabwicklungsfonds im Zuge der Bankenunion als neue große »Bad Bank« geschaffen wird, wären Niedrigzinsen wichtiger denn je zuvor. Der Zusammenbruch und damit einschneidende Reformen können weiter herausgezögert werden. Die politische Moderierung bei Außerkraftsetzen marktwirtschaftlicher Spielregeln (Scheitern und Austritt von Banken) stärkt die vermachtete Finanzindustrie und die korruptionsanfällige Vernetzung zwischen Politik und Großkapital.

Wirtschaftliche Finanzmacht muss durch eine wirksame Kartellpolitik begrenzt werden. Da die Politik in diesem System selbst mit der Förderung des Absatzes von Staatsanleihen – Banken und Versicherer müssen nach wie vor kein Eigenkapital für diese Anlagen hinterlegen – mit im Spiel ist, ist die Reformmüdigkeit nachvollziehbar, aber dennoch falsch. Die Europäisierung vermeintlicher Problemlösungen scheitert derzeit. Die Interessenlagen durch die Verquickung von Staat und Finanzindustrie sind gegen die Verbraucher, Kunden und Steuerzahler gerichtet. In einer funktionierenden Marktwirtschaft würden kleine, staatlich unabhängige Finanzinstitute die Risiken tragen. Sie würden vorsichtig Kredite vergeben, um selbst nicht in Konkurs zu gehen. Statt wechselnder Interessenlagen mächtiger Unternehmen oder Unternehmensgruppen muss die Ordnungspolitik Vorrang haben. Mit einer im Sinne der Konsumenten verfassten, ordnungspolitischen Regelung würde der Wettbewerb zwischen den Finanzunternehmen wieder florieren.

Stattdessen werden vor allem Banken repolitisiert statt als Bestandteile einer freien Marktwirtschaft autonom zu agieren.

Die Finanz- und Schuldenkrise wird so zu einer Dauerkrise. Neben einer wirksamen Kartellbehörde ist das Steuerrecht zur Machtbegrenzung und zur Durchsetzung von mehr Gerechtigkeit eine wesentliche Reformbaustelle. Die Steuerpolitik müsste massiv vereinfacht und strukturell radikal verändert werden, und zwar mit einer Gleichbesteuerung von Kapital und Arbeit. Die steuerliche Entlastung des Finanzkapitals ist fehllenkend. Eine Entlastung für Arbeitnehmereinkommen auf 25 % ist begrüßenswert. Warum setzen sich die Gewerkschaften nicht stärker für das Kirchhof'sche Steuerkonzept ein? Es würde den Angestellten aller Voraussicht nach größere finanzielle Bewegungsfreiheit verschaffen. Außerdem würde dem Aspekt wirtschaftlicher Benachteiligung wirksam begegnet.

Was würde Erhard zusammenfassend dazu sagen?

Vermutlich würde er dazu aufrufen, seine ordnungspolitischen Regeln wieder zu beachten. Wohlstand entsteht durch Wettbewerb. Dies erfordert international faire Regeln zur Verhinderung von wirtschaftlichem Machtmissbrauch. Verbraucher und Sparer würden davon profitieren.

Erhard schrieb 1976: »*Analysen, in denen es heißt, daß konkrete wirtschaftliche Fehlentwicklungen im Wirtschaftssystem der Sozialen Marktwirtschaft begründet seien, kann man zur Seite legen. Vielmehr zeigen sich Schwierigkeiten bei der Realisierung der Grundziele: Stabilität, ausgeglichene Beschäftigung, wirtschaftliches Wachstum und Außengleichgewicht, die nicht oder jedenfalls nicht in diesem Ausmaße vorhanden wären, wenn die Prinzipien der Sozialen Marktwirtschaft nicht in einem so starken Ausmaße verletzt worden wären. Diesen Sachverhalt gilt es zu erkennen, und diesen Sachverhalt kann nur erkennen, wer hinter die Fassade der Begriffe und politischen Schlagworte leuchtet. Nicht das abstrakte oder nur plakatierte System, sondern die Entscheidungen der verantwortlichen Politiker und ihre Grundsätze determinieren den Erfolg und den Mißerfolg einer Wirtschaftspolitik.*«[77]

c) **Stabiles Geld** (Ulrich Horstmann)

»Erfahrung zeigt, dass eine Währungsverfassung, die den Leitern der Geldpolitik freie Hand lässt, diesen mehr zutraut, als ihnen im allgemeinen zugetraut werden kann. Unkenntnis, Schwäche gegenüber Interessentengruppen und der öffentlichen Meinung, falsche Theorien, alles das beeinflusst diese Leiter sehr zum Schaden der ihnen anvertrauten Aufgabe.«[78]

Das Ansehen der Deutschen Bundesbank war vor der Einführung des Euro sehr groß. Die Geldpolitik galt zu Recht als unabhängig. Es gab keinen Zweifel daran, dass die Geldwertstabilität unbedingt Vorrang hatte. Staats- und Bankenfinanzierung waren nicht vorgesehen. Die Bürger konnten dieser Ausrichtung vertrauen.

Heute ist die Bundesbank nicht mehr autonom für die Euro-Geldpolitik verantwortlich, sondern nur eingebunden in die Kollektiventscheidung Europäischer Zentralbanken. Ihre ordnungspolitische Sicht spielt im Gegensatz zu den Ankündigungen aus der Politik bei der Abschaffung der DM keine Rolle mehr. Sie ist in eine Minderheitsposition gerückt. Es besteht die Gefahr, dass das Image der Deutschen Bundesbank durch die Einbindung in die fragwürdige Rettungspolitik der mehrheitlich eine laxe Geldpolitik betreibenden Notenbanken in anderen, meist südeuropäischen Staaten, auf Dauer beschädigt wird. Die Vertreter der Bundesbank sind daran unschuldig. Die Bundesregierung hat sie vor Jahren in diese missliche Lage gebracht.

Die Festlegung des Lenkungspreises »Notenbankzins« erfolgt von einem Interessenverbund aus hochverschuldeten Finanzinstitutionen und Staaten. Längst sind die Länder entweder nicht mehr willig oder fähig, entsprechend hohe Zinsen zu zahlen, die dem aktuellen Risiko eines Staatsbankrotts entsprächen. Bei einem normalen Zinsniveau wären sie pleite. Die involvierten Banken und Versicherer ebenfalls, die regulatorisch genötigt werden, Staatspapiere zu kaufen. Für sie musste im Gegensatz zu weit sicheren Anlagen kein Eigenkapital hinterlegt werden, was einer Absatzhilfe für marode Staatsanleihen gleichkommt. Die sich ergebenden Verzerrungen – die Preise für Staatsanleihen sind viel zu hoch – destabilisieren die Marktwirtschaft. Die Preise werden nicht mehr durch Märkte bestimmt. Die gelenkte Wirtschaft mit planwirtschaftlichen Zügen erfolgt zu Lasten der Bürger. Sie gehen – durchaus nachvollziehbar – immer weniger zur Wahl und sind staatsverdrossen. Ihre politische Teilhabe ist ausgehöhlt. Durch weit mächtigere Kapitalinteressenlagen sind die Bürger zu Zuschauern einer Politik geworden, die sie oft nicht mehr verstehen. Vier Merkmale zeigen den Verfall von Marktwirtschaft und Demokratie:

1. Nominal sind Aktiva und Passiva ausgeglichen, aber real nicht: Vermögenswerte werden zu hoch dargestellt, Verbindlichkeiten zu tief. Durch Bilanztricks stimmen die Zahlen mit der realen Welt nicht mehr überein. Staatsanleihen, regulatorisch bevorzugt (keine Eigenkapitalhinterlegung), sind viel zu teuer und werfen zu niedrige Zinsen ab.

2. Die Zentralbankfunktion ist ausgehöhlt. Die nicht unabhängig agierende Zentralbank ist letzter Geldgeber und fester Bestandteil des Umverteilungssystems.

3. Es fehlt eine Lösungsstrategie. In der aktuellen Europa-Krise werden flexible marktwirtschaftliche Mechanismen ausgehebelt und das zentralstaatliche Kollektiv gestärkt. Politiker können Rettungsprogramme schnüren, auch gegen eherne Gesetze (Maastricht-Vertrag). Derartige Zwangsvergemeinschaftungen ohne demokratische Basis, an der Marktwirtschaft vorbei, sind auch im früheren »Ostblock« gescheitert.

4. Lenkung der Meinungsbildung durch Propaganda. Von Politikern wird die europäische Dauerkrise schöngeredet und immer

wieder der Eindruck erweckt, man sei jetzt über den Berg. »*Uns geht es doch noch ganz gut*«. Den offiziellen Sprachregelungen stehen die Lebensberichte vieler Bürgen entgegen. Auch die Wirtschaftsdaten zeigen aktuell das Gegenteil. Derzeit ist zu viel Geld im Markt (die Geldbasis explodiert). Die Entwicklung in der EU ähnelt dem sogenannten Japan-Szenario (Deflation bei zu hohen Vermögenspreisen und fehlendes Wirtschaftswachstum). Dennoch wiegt man die Öffentlichkeit in Sicherheit und erklärt, die finanz- und geldpolitischen Instrumente im Griff zu haben (alle Instrumente einsatzbereit!).

Die Demokratie, Grundfeste der Sozialen Marktwirtschaft und damit die Freiheit, sind ständig Gefahren ausgesetzt. Das ist nichts Neues. Der Aufruf, als Bürger für eine wehrhafte Demokratie einzustehen, scheint aber zunehmend ungehört zu verhallen. Wenn er überhaupt noch erfolgt. Wir haben uns daran gewöhnt, dass eine diskussionswürdige, fragwürdige Politik, die gegen ordnungspolitische Regeln verstößt, als »alternativlos« dargestellt wird. Ein radikaler Neuanfang ist daher gerade jetzt nötig, um die Demokratie und Freiheitsrechte, die das Grundgesetz garantieren sollte, zu sichern. Das dauerhafte, demokratiefeindliche Regieren mit großen Koalitionen schwächt den parlamentarischen Streit. »Opposition« verkommt zu einem Randritual ohne Beachtung. Angela Merkel führt bereits die zweite große Koalition mit der SPD. Das demokratische Fundament der Republik verkümmert.

Kirchhof bietet in seinem Artikel »Geldeigentum und Geldpolitik«[79] wesentliche Ansatzpunkte zur neuerlichen Beachtung von Werten, die das Grundgesetz sichern sollte. Im Fokus steht bei Prof. Kirchhof die Beachtung des Rechts als Grundlage für die Weiterentwicklung von Demokratie und Gesellschaft. Es bedarf eines klaren ordnungspolitischen Konzepts, an dem sich Staat und Gesellschaft auszurichten haben. Jede Gesellschaft braucht einen Kompass, der eine klare Richtschnur für ihr Handeln liefert. Freiheitssichernde Ordnungspolitik im Sinne der Sozialen Marktwirtschaft kann nur bei Beachtung des gesetzten Rechts funktionieren. Mit dem Außerkraftsetzen des Maastricht-Vertrags und der Rettung finanziell maroder Staaten durch die Notenbank leben wir nach Kirchhof in der Illegalität. Warum soll man an volkswirtschaftliche Modelle glauben, wenn noch nicht einmal das Recht beachtet wird?

Diese neue Herrschaft fußt weder auf dem Recht noch ist sie demokratisch legitimiert. Letztlich ist auch eine goldgedeckte Währung davon abhängig, dass sie rechtlich geschützt ist. Die zwei Diktatoren einer Sozialen Marktwirtschaft sind letztlich die unabhängige Notenbank und eine Kartellbehörde, die wirtschaftliche Vermachtung verhindert.[80]

Die eigenmächtige Aufgabenerweiterung der EZB oder besser des Systems Europäischer Zentralbanken ist vor diesem Hintergrund abzulehnen. Die Bürger hierzulande sind nie dazu befragt worden. Wenn ihnen politische Mitsprache nur noch »pro forma« gewährt wird und die wirtschaftliche Gestaltungsfreiheit genommen wird, sind sie auch ihrer Würde beraubt. Sie sind dann keine selbstbewussten und kritischen Bürger mehr, sondern Bittsteller. Hat sich erst einmal so eine Klientelwirtschaft, die von korrupten Bananenrepubliken nicht mehr weit entfernt ist, etabliert, ist ein derart fehlgeleitetes System kaum mehr refomierbar. Ist das Recht erst einmal gebrochen, ist der Anfang gemacht. Es drohen Gefahren für Freiheit und Demokratie. In Deutschland gibt es vielfältige historische Beispiele, wie verheerend es sich auswirkt, wenn die Fehlentwicklungen nicht bereits am Anfang korrigiert werden.

Kirchhof spricht von einer eigenmächtigen Aufgabenänderung der Notenbank und dem Aushebeln des Maastricht-Vertrags, der ein Beistandsversprechen der Staaten (No Bail-Out) aus wohlerwogenen Gründen nicht vorsah; Lehren der Vergangenheit, dies hatte bereits in den USA nicht funktioniert. Die Bundesstaaten sind daher wirtschaftlich autonom: »*Die Europäische Zentralbank hat ihre Aufgabe eigenmächtig um die Stabilisierung von Staaten und Banken erweitert, außerdem Aufsichtsfunktionen übernommen und damit ihre Unabhängigkeit verloren. Die Länder mit schlechter Bonität werden in einem von der Währungsgemeinschaft organisierten Ausgleichssystem an niedrigere Zinsen herangeführt, so dass die Warnfunktion des Zinses nicht mehr greift. Beim ›No Bail-out‹ ist durch Drehen und Wenden der Rechtsregel das ›No‹ entfallen. (...) Die Währungsunion läuft Gefahr, ihren wesentlichen Stabilitätsanker, das Recht und seine strikte Verbindlichkeit zu verlieren.*« [81]

Dem grundlegenden Maastricht-Vertrag muss wieder Geltung verschafft werden. Die ungerechte Vermögensumverteilung ist zu stoppen. Die Bundesbank stellt zwar gut ein Viertel des Kapitals im Zentralbankensystem, hat aber das gleiche Stimmrecht wie Zwergstaaten, wie Malta oder Zypern. Kirchhof weist nach dem Zusammenbruch des institutionellen Stabilitätsversprechens auf das Durchschlagen der Risiken auf die Geldeigentümer hin, die zugleich als Sparer und Steuerzahler die Folgen der fehlgeleiteten Politik zu tragen haben. Angesichts der zunehmenden Vermachtung der Wirtschaft ist zu fragen, ob die Verhältnisse, die Karl Marx kritisierte und die mit der Sozialen Marktwirtschaft als überwunden galten, wieder aktuell sind.

Hand in Hand mit der »Zentralisation der Kapitale« geht die »*Verschlingung aller Völker in das Netz des Weltmarktes und damit der internationale Charakter des kapitalistischen Regimes. Mit der beständig abnehmenden Zahl der Kapitalmagnaten, welche alle Vorteile dieses Umwandlungsprozesses usurpieren und monopolisieren, wächst die Masse des Elends, des Drucks, der Knechtschaft, der Entartung, der Ausbeutung ...*«[82]. Diese Beschreibung der Verhältnisse klingt erstaunlich zeitgemäß.

In der in der ARD gesendeteten Doku »Die Story: ›Geld regiert die Welt‹« wurde beschrieben, wie neue Finanzkolosse, wie Blackrock, mit der Finanzkrise noch mächtiger wurden. Große US-Investmentbanken und Ratingagenturen haben weitgehend die gleichen Eigner.[83] Sie bilden einen »Closed Shop«. Derartige Kartelle sind nichts Neues, aber mit einer Sozialen Marktwirtschaft Erhard'scher Prägung unvereinbar. Finanzgiganten, wie Blackrock, sind die wahren »Masters of Universe« und die bisherigen Gewinner der Finanzkrise. Bei der Androhung stärkerer Regulierungen durch Einzelstaaten können sie wie Hedgefonds international ausweichen. Dazu Kirchhof: *»Ein Wettbewerber, der auf Nichtverantwortlichkeit der Wettbewerber angelegt ist, zerstört Freiheit.«*[84]

Solche Wettbewerber oder Marktteilnehmer verdienen es nicht, vom Sparer oder Steuerzahler finanziell gestützt zu werden. Dies ist nicht nur unethisch. Nach Kirchhof ist zudem kein ausreichender rechtlicher Anspruch für das finanzielle Stützen von unverantwortlich zockenden Banken begründbar. Das gleiche gilt für unsolide wirtschaftende und hochverschuldete Staaten in der Eurozone. Erst durch den Bruch des Maastricht-Vertrags werden auch inländische Bürger in die Haftung einbezogen.

Der Anspruch auf auskömmliche Erträge des Geldeigentümers sind aus Kirchhofs Sicht grundgesetzlich schützenswert. Negativzinsen und die in Diskussion stehende Bargeldabschaffung zur Durchsetzung dieser Enteignung machen diese Forderung aktueller denn je. Das Vertrauen in eine stabile Währung zu sichern, ist die Kernaufgabe einer Notenbank, nicht das Bedienen der Interessen vermachteter Wirtschaftsgruppen und überschuldeter Staaten, die außerdem reformunwillig sind.

Dazu Erhard: *»Gerade eine freiheitliche Gesellschaftsordnung, die der Entfaltung der Persönlichkeit und der privaten Betätigung der Bürger weitesten Spielraum geben will, setzt eine festgefügte staatliche Ordnung und eine stabile Währung voraus.«*[85]

d) Selbstvorsorge statt staatliches Kollektiv
(Luise Gräfin v. Schlippenbach)

»Soziale Sicherheit ist nicht gleichbedeutend mit Sozialversicherung für alle, – nicht mit der Übertragung der individuellen menschlichen Verantwortung auf irgendein Kollektiv. Am Anfang muß die eigene Verantwortung stehen, und erst dort, wo diese nicht ausreicht oder versagen muss, setzt die Verpflichtung des Staates und der Gemeinschaft ein.«[86]

Wie bereits erwähnt, entfällt etwa die Hälfte unseres Haushalts auf den Sozialetat. Und damit nicht genug: Mindestlohn, der durch Verlagerung des Standorts umgangen werden kann, Betreuungsgeld, Mütterrente, Rente mit 63, Erleichterungen bei Hartz IV, Deckelung der Mieten, nun auch noch wieder Erhöhung der Beitragsbemessungsgrenzen, die kalte Progression, Erweiterung des Elterngeldes etc. Und so geht das weiter. Der Eingriff des Staats in private Belange der Bürger findet kein Ende. Die ohnehin schon exorbitanten sozialen Kosten wachsen ins Uferlose. In einem wohlhabenden Staat kann bei dieser Gängelung der Bürger etwas nicht stimmen. Der Weg solcher Volkswirtschaften führt – wie viele Erfahrungen zeigen – in den Abgrund. Nächste Generationen sollen das bezahlen, diesen sogenannten »sozialen Fortschritt«, der jede persönliche Freiheit und Eigenverantwortung unmöglich macht, weil in der Tasche dazu kaum mehr etwas übrig bleibt. Auch die Motivation für den sozialen Aufstieg durch eigene Leistung bleibt auf der Strecke, umso mehr als sich Arbeitsmarktstrukturen und Familienbilder – nicht zuletzt durch Globalisierung und internationale Vernetzung – grundlegend verändert haben, alte Systeme nicht mehr passen.

Diese staatliche Fehlhaltung beruft sich ständig öffentlich auf die Soziale Marktwirtschaft Erhard'scher Prägung, mit der besonderen Betonung des Wortes »sozial«, was heißen soll, es reicht immer noch nicht mit sozialen Benefizien durch »Umverteilen«. Die »Reichen«

müssen zahlen, »die Vermögen wachsen schneller als die Arbeits-Einkommen«. Dies führe zu sozialer Ungerechtigkeit. Kapitalbildung sowie das Streben nach Elite sind unerwünscht. Im Haushalt wird es eng für andere dringende Projekte.

Dabei übersieht man nun schon seit den 70er-Jahren des vorigen Jahrhunderts, dass das alles mit der Erhard'schen »Sozialen Marktwirtschaft« nichts mehr zu tun hat, vielmehr ihr diametral entgegensteht. Man verkauft unter falschem Etikett.

Was ist nun aber Ludwigs Erhards Soziale Marktwirtschaft, die uns aus dem Elend nach dem Zweiten Weltkrieg einen wirtschaftlichen Aufschwung bescherte, den alle Welt bestaunte, das deutsche »Wirtschaftswunder«? Erhards Grundsätze waren:

So wenig Staat wie möglich, nur so viel Soziales wie nötig, eine florierende Wirtschaft ist auch die sozialste.

Der Staat hat sich zurückzunehmen, sich nicht in Wirtschaft und Privates einzumischen. Seine alleinige Aufgabe aber ist es, Rahmenbedingungen zu schaffen, die absoluten Wettbewerb garantieren und so die Mehrzahl der Bürger in die Lage versetzen, in Freiheit, Würde und Eigenverantwortung das Leben allein und selbst zu meistern, ebenso wie die private Vorsorge für die Wechselfälle des Lebens. Erst wenn dies gar nicht geht, hat im christlich-humanen Staat die Allgemeinheit einzuspringen, denn niemand darf je wieder in Not geraten.

Demgegenüber aber sagt Erhard jeglichem Kollektiv »Todfehde« an, weil es die besten Eigenschaften der Bürger tötet, ihnen die Eigeninitiative und Freiheit nimmt.[87] Ludwig Erhard hat ab 1948 dank seiner überzeugenden Persönlichkeit und seiner Appelle zum Maßhalten über Rundfunk und Print-Medien – trotz erheblichen Widerstand schließlich alle für seine Überzeugung gewonnen:

Die Besatzer, die Linken, die Gewerkschaften und Teile der Volksparteien mit durchschlagendem Erfolg. Das »soziale Netz« kam erst mit dem »Generationenvertrag« von 1957.

Aber schon vorher: Arbeit rund um die Uhr, Sparen um die Wette, es lohnte sich, wurde steuerlich oder mit Prämien begünstigt, jeder Art, Altersvorsorge, Kapital-Aufbau, Hausbau, alles nebeneinander und gleichzeitig begünstigt oder steuerlich absetzbar. Da schoss alles aus dem Boden, der Kapitalmarkt konnte Kredite für Investitionen vergeben, die Arbeitsplätze schafften, moderate Preise und Löhne, die Erhard immer beschwor! Das Wort »Stress« war noch nicht erfunden, ebensowenig wie die »Selbstverwirklichung«. Arbeitsstunden zählte man nicht und abends baute die ganze Familie gemeinsam am eigenen Haus. Welch ein Glück, der erste Kühlschrank, das erste Auto, die erste Reise (meistens nach Italien); es gab wieder schicke Kleider und jede Menge zu essen und zu trinken, oft sogar zu viel, man wurde runder. Die »Fresswelle« boomte.

Geld aber war zunächst knapp: die vielen Investitionen, das Sparen und die finanzielle Nachkriegslücke.

Alle Versuche, dem durch Nivellierungen bestehender Gesetze abzuhelfen , gingen schief.[88] Da brachte ein Sohn Adenauers, Pater, aus dem Kloster (Nell-Breuning) Ideen, die dem »Alten« gefielen:

Der »Generationen-Vertrag«. Nach heftigen Auseinandersetzungen zwischen Adenauer und Erhard, der wieder staatlichen Eingriff in seine »soziale (freie) Marktwirtschaft« befürchtete, einigte man sich: Die Beitragsbemessungsgrenze endete bei niedrigen Einkommen, die Altersrente war keine volle Altersversorgung, sondern lediglich eine »Abwehr von Not«, das »Umlageverfahren im Generationen-Vertrag«, nicht ideologisch, nur aus der »Not« geboren.

1957 kamen die Sozialgesetze heraus, analog der Bismarck'schen, allein dafür gedacht, die unteren Einkommens-Schichten sozial abzusichern.

In Übereinstimmung mit der christlichen Soziallehre endete damit der Sozialstaat Adenauer'scher und Erhard'scher Prägung. Wer über die Beitragsbemessungsgrenze hinaus verdiente, konnte nicht in die Sozialversicherung aufgenommen werden. Kollektiven sagt Erhard »Todfehde« an, um es eindringlich zu wiederholen.

Sinn und Umfang der damaligen Sozialgesetze waren human, angemessen sowie volkswirtschaftlich vertret- und bezahlbar.

Doch so sollte es nicht bleiben.

Die Wende und Verfälschung der Begriffe, der bequeme Ruf nach dem Staat und damit der Ruck nach »links« kamen schon bald nach Erhards Abschied von der Politik nach 1966. Politisch durchaus gewollt, für die Bürger leise und nahezu unbemerkt, zumal man sich nach wie vor auf die Erhard'sche »Soziale Marktwirtschaft« berief, trotz des diametralen Wandels des Inhalts des Begriffs.

Der Bevölkerung ging es gut. Es sollte so bleiben. Man dachte nicht darüber nach, zumal Ansprüche an den Staat, ständig wachsend, meistens erfüllt wurden.

Familien erhielten zunehmend kräftige Unterstützungen, oft ohne Begrenzung nach der Höhe des Einkommens. Wie heutige Statistiken zeigen, mit zweifelhaftem Erfolg.

Um damals den Ansprüchen zu genügen, wurde der von Finanzminister Julius Schäffer aus Haushaltsersparnissen aufgebaute »Julius-Turm« abgebaut. Danach wurden sukzessiv die Beitragsbemessungsgrenzen erhöht. Schließlich konnte sich jeder Deutsche nun – ohne

Rücksicht auf die Höhe seines Einkommens – in die Sozialversicherung mit einem höheren Betrag (z. B. 44.000 DM s. u.) einkaufen, einen entsprechenden Rentenanspruch begründen. Die »Reichen« waren damit im Sozialsystem eingebunden.

Das war das Ende des Sozialstaats Erhard'scher Prägung, das »Aus« seiner »Sozialen Marktwirtschaft«, der Beginn und Übergang in eine wieder mehr staatlichen Einflüssen offenen Wirtschaft, wie wir sie zunehmend erleben. Aber immer noch nennt man sie Soziale Marktwirtschaft unter Berufung auf Erhard, praktiziert aber das Gegenteil, das Kollektiv.

Sind nun die Erhard'schen Thesen, ist sein so erfolgreiches System nach dem Zweiten Weltkrieg heute überholt, nicht mehr zeitgemäß?

Mag sein, in einigen Varianten, im Prinzip aber nicht. Alle Versuche, mit sozialistischen Systemen das Leben menschlicher und leichter, gerechter zu machen, sind – viele Beispiele beweisen es – als Illusion in Schulden gescheitert.

Wie kommen daher nächste Generationen angesichts erdrückender Belastungen wieder zu jener Freiheit, die ihnen ein würdiges Leben in Eigenverantwortung ermöglicht? Was schafft Generationengerechtigkeit? Weiteres Umverteilen, ein zunehmend aufgeblähter Sozial-Haushalt sicherlich nicht.

Erhard würde vielmehr sagen:

Das aus puren Notzeiten gebliebene Umlage-Verfahren, der in normalen Zeiten unethische »Generationen-Vertrag« sind überfällig. Sie passen nicht mehr zu veränderten Arbeitsmarkt- und Familienstrukturen in einer globalen Welt. Doch laufende Verträge kann man nicht brechen. Lassen wir sie auslaufen, generationenübergreifend!

Die versicherungsmathematischen Übergangskosten sollte getrost der Staat übernehmen, sinnvoller als Milliarden an anderer Stelle ausgegeben.[89]

Junge Berufseinsteiger sollten aber sobald als möglich in den Genuss des Kapital-Deckungs-Verfahrens kommen, mit der Möglichkeit, Zuzahlungen in beliebiger Höhe leisten zu können, damit sie eventuell sogar auf ihr Arbeitsende selbst Einfluss nehmen könnten. Die Flex-Rente wäre ein erster Schritt.

Nach Überschreitung der Beitragsbemessungsgrenze allerdings müssten sie – unter Berücksichtigung bisher erworbener Anwartschaften – aus der Sozialversicherung in die private Eigenvorsorge überwechseln, ein Zeichen ihrer aus Tüchtigkeit erworbenen, sozialen Geltung in Stolz, Würde, Freiheit und Eigenverantwortung, unabhängig vom Staat. Familien- und weitere soziale Unterstützungen betrifft das adäquat.[90]

Vorbild auch für Europa?

Was meinte doch Ludwig Erhard?

Das unabdingbare Korrelat zur Demokratie ist die freie (Soziale) Marktwirtschaft.

e) Kapitaldeckungsverfahren statt Umlageverfahren, ein überfälliger Akt der Generationengerechtigkeit
(Ulrich Horstmann)

»Mit wachsender staatlicher Zwangssicherung könnten sich zwar die Bezieher niedriger Einkommen immer mehr auf die öffentlichen sozialen Leistungen verlassen, den Beziehern mittlerer und höherer Einkommen würde es aber immer schwerer fallen, individuelle zusätzliche

Vorsorge durch Sparen und Vermögensbildung zu treffen. (…) In der Wirtschaftsordnung der Sozialen Marktwirtschaft muß deshalb der einzelne die Verantwortung für eine über die Grundsicherung hinaus gehende zusätzliche Vorsorge übernehmen können; dem Individuum muß es letzten Endes überlassen bleiben, sich entweder für eine bessere gegenwärtige oder eine bessere zukünftige Versorgung mit wirtschaftlichen Gütern zu entscheiden.«[91]

Erhard und Müller-Armack haben 1972 die Probleme des um sich greifenden Sozialstaats, die wir heute zu beklagen haben, in ihrem Buch mit dem Untertitel »Manifest '72« bereits vorausschauend beschrieben. Derzeit klingen diese Forderungen durch Gewöhnung an vermeintliche staatliche Wohltaten für viele fremd. So weit sind wir wieder gekommen. Der individuell-freiheitliche Charakter dieser Ideen passt zu der zunehmend globalisierten Welt mit steigender Mobilität. Bei den Parteien scheint dies noch nicht angekommen zu sein, sie verteidigen Besitzstände, die vor diesem Hintergrund nicht mehr zu halten sind.

Einem Großteil der Bevölkerung sind die Thesen der »Sozialen Marktwirtschaft« Erhard'scher Prägung nicht mehr präsent.

So führt ein vom Staat garantierter, uneingeschränkter Wettbewerb die Mehrheit der Bürger zu einem Wohlstandsniveau, das ein Leben in Eigenverantwortung, Freiheit und Würde ermöglicht. Damit ist auch die eigene Vorsorge für diese Mehrheit kein Problem.

Nur dann, wenn dies gar nicht mehr geht, hat die Allgemeinheit bzw. der Staat einzuspringen. Dies aber darf niemals zu einer kollektiven Bürger-Versorgung ausarten. So waren auch die Sozialgesetze von 1957 bei der Einführung gedacht und durch die Begrenzungen tragbar. Das Umlage-Verfahren, der Generationen-Vertrag entstand allein aus purer Not der Kriegsgeschädigten und deren Kinder, war nicht auf Dauer angelegt, weil er als »viel zu anfällig« galt.

Adenauer dazu: »Tja, meine Herren, das ist ja ganz schön, solange es bergauf geht, aber was ist, wenn es bergab geht?«.[92]

Die Begrenzung alles Sozialen sollte auf die Abdeckung der Bedürftigkeit nach Erhard'scher Prägung im Einklang mit der christliche Soziallehre (Subsidiaritätsprinzip nach Oskar von Nell-Breuning), auch über die Renten hinaus, beschränkt bleiben. Und damit durch Entlastung des Sozialhaushalts Bedürftige vor echter Not (auch des Alters und die Mütter konservativer Prägung) ausreichend schützen.

Ab der zweiten Hälfte der 60er-Jahre wurde diese Vorstellung Erhard'scher Prägung nach und nach ins Gegenteil verkehrt und »links« interpretiert. Freie Marktwirtschaft und Demokratie waren aus Erhards Sicht untrennbar verbunden: *»Demokratie und freie Wirtschaft gehören logisch ebenso zusammen wie Diktatur und Staatswirtschaft«.*[93] Diese freie Marktwirtschaft, die durch Sicherung des Wettbewerbs und Beschränkung der Hilfen auf den eng gezogenen Kreis Bedürftiger sozial konstruiert war, wurde nun gleichgesetzt mit den sozialistischen Vorstellungen und Inhalten der Regierung unter Willy Brandt.

Dieser neue Fürsorge- oder Wohlfahrtsstaat wurde von nun ab – die Bevölkerung desinformierend – zunehmend als die Erhard'sche Soziale Marktwirtschaft präsentiert und statt privater Vorsorge weiter »kollektiviert«, und das bis heute. Dies ließ die ursprünglichen Vorstellungen Erhards völlig in Vergessenheit geraten. Das »Kollektiv« nach Abschied Erhards von der Politik 1966 gehört nicht zum Narrativ Erhard'scher Sozialpolitik und war für ihn Bestandteil von Staatswirtschaft und Diktatur. »Versorgung für alle!« war das logische Gegenmotiv zu den Vorstellungen Erhards »Wohlstand für Alle«. Das Versicherungsprinzip wurde unter der Amtszeit Willy Brandts weiter ausgehebelt. Spätere Reformen brachten keine neue Richtungsentscheidung, das soziale Netz wurde immer dichter und immer weiter ausgedehnt. Als Wählerklientel wurden demographiebedingt ältere Bürger zunehmend wichtiger, auch in der aktuellen GroKo.

Vor diesem Hintergrund ist ein enormer Reformstau entstanden. Derzeit bieten sich gute Chancen, dass die jüngere Generation – nachvollziehbarerweise – eine Systemänderung will. Die alten Verträge des sozialen Kollektivs müssen auslaufen und finanziert werden, im Übergang sicher auch mit Steuermitteln. Wenn sie schon für fragwürdig umverteilende, vermeintliche Euro-Rettungsmaßnahmen vergeudet werden, wäre dies als Zwischenfinanzierung hinnehmbar, da es der Zukunftssicherung unserer jüngeren Generation auf fester ordnungspolitischer Grundlage dient. Mit dem Kapitaldeckungsverfahren löst man sich von der umverteilenden staatlichen Vorsorgepolitik, die unfinanzierbar wird. Gleichzeitig wird eine internationale Harmonisierung der Altersvorsorge ermöglicht, wie sie mit dem gegenwärtigen System undenkbar wäre. Die Mobilität jüngerer Arbeitskräfte wird so erleichtert. Mit dem Umbau werden wieder sinkende Beiträge möglich. So wird der Staat finanziell weniger belastet, wenn der Personenkreis, der vom Staat Hilfen erhält, begrenzt werden kann – wie es in den christlich-humanen, bezahlbaren Sozialgesetzen von 1957, analog den Bismarck'schen, festgelegt ist. Damit endet der Sozialstaat.

Das unethische »Umlage-Verfahren«, das in Wohlstandszeiten keinerlei Berechtigung hat, also der »Generationen-Vertrag«, sollte daher möglichst frühzeitig von einem »Kapitaldeckungs-Verfahren« abgelöst werden und für junge Berufseinsteiger gelten. Dies sollte mit einer privaten Zuzahlungsmöglichkeit in beliebiger Höhe verbunden werden, sodass sich der Renteneintritt persönlich steuern ließe. Das gleiche gilt für den Eintritt in den Ruhestand. Eine flexiblere Rentenpolitik mit Wahlfreiheiten entspricht vermutlich vielmehr den Wünschen, insbesondere der jüngeren Generation, als die von oben verordneten starren Kollektivsysteme. Die Beitragsbemessungsgrenze müsste wieder herabgesetzt werden und dem Versicherungsprinzip folgen. Wenn die Beiträge bis zur Beitragsbemessungsgrenze für eine würdige Altersrente nicht reichen, sollten steuerliche Zuschüsse gewährt werden dürfen (dies aber nicht für jene, die über die Beitragsbemessungsgrenze hinaus verdienen). Das sollte auch für alle weiteren sozialen Wohltaten als Prinzip gelten. Mit alledem wären wir Erhard schon wieder etwas näher.

Dieses reformierte Altersvorsorgesystem wäre nicht nur, angesichts des demographischen Wandels, generationengerechter, sondern auch »flexibler«, »gerechter« und »bezahlbarer« für die Allgemeinheit bzw. den Staat. Ohne derartige Reformen wird die Resignation bei jüngeren Menschen zunehmen. Das »Murren« wird hörbarer und neben dem Protest auch die – nicht wünschenswerte – Auswanderung als Alternative an Bedeutung gewinnen.

Zitat Erhard: *»Eine freiheitliche Wirtschaftsordnung kann auf die Dauer nur dann bestehen, wenn und solange auch im sozialen Leben der Nation ein Höchstmaß an Freiheit, an privater Initiative und Selbstvorsorge gewährleistet ist. (...) Wenn wir überhaupt eine freiheitliche Wirtschafts- und Gesellschaftsordnung auf Dauer gewährleisten wollen, dann wird es in der Tat zu einem Grunderfordernis, einer Wirtschaftspolitik, die dem Menschen zu persönlicher Freiheit verhelfen will, eine gleichermaßen freiheitliche Sozialpolitik an die Seite zu stellen. Darum widerspricht es zum Beispiel der marktwirtschaftlichen Ordnung, die private Initiative, Selbstvorsorge und Eigenverantwortung auch dann auszuschalten, wenn das Einzelindividuum materiell durchaus in der Lage ist, solche Tugenden in weitem Umfang zu üben. Wirtschaftliche Freiheit und totaler Versicherungszwang vertragen sich denn auch wie Feuer und Wasser.«*[94]

Reformüberlegungen für die Rentenversicherung gab es in den vergangenen Jahrzehnten genug. Dennoch wird weiter herumgedoktert. Wegweisende Änderungen, die jüngere und kommende Generationen entlasten, fehlen. Die Reformüberlegungen von Alfred Boos

(1983) sind – vor dem Hintergrund des Reformstaus – nach wie vor zeitgemäß. Bereits vor über 30 Jahren wurden die demographischen Herausforderungen thematisiert und drei nachlesenswerte Reformvarianten vorgestellt, um das Umlageverfahren durch ein Kapitaldeckungsverfahren zu ersetzen.[95]

f) Die zukünftigen Generationen sind die Verlierer bei den Renten- und Pflegepaketen der Großen Koalition
(Stephan Werhahn[96])

Als Erfolg der Regierung der Großen Koalition mag man verbuchen, dass der Bundeshaushalt nahezu ausgeglichen ist und die Einhaltung der Vorgaben der Schuldenbremse nur noch als eine reine Formalität erscheint.

Allerdings ist nicht alles Gold, was glänzt. Denn bei näherer Betrachtung entpuppt sich die sogenannte Konsolidierung des Bundeshaushalts als eine finanzpolitische Mogelpackung. Sie ist nicht zuletzt der Kürzung oder Abschaffung der Bundeszuschüsse an die Sozialversicherungen geschuldet. Dies mag angesichts der Beitragsüberschüsse der Sozialversicherungen gerechtfertigt erscheinen. Dabei vergisst man allerdings, dass die Bundeszuschüsse einen Ausgleich für die von den Sozialversicherungen erbrachten gesamtgesellschaftlichen Aufgaben bzw. versicherungsfremden Leistungen darstellen. Eine Kürzung der Bundeszuschüsse kann daher nur dann gerechtfertigt werden, wenn die Sozialversicherungen im Umkehrschluss in entsprechendem finanziellen Umfang aus der Verantwortung zur Erbringung versicherungsfremder Leistungen entlassen würden. Alles andere bedeutet dagegen eine Umwidmung von Beitragsmitteln zu Steuermitteln. Mit anderen Worten handelt es sich dabei um eine versteckte und lediglich die Beitragszahler belastende Steuererhöhung. Dies gilt im Übrigen auch für die als Teil des Rentenpakets beschlossene Mütterrente. Auch hierbei handelt es sich um eine gesamtgesellschaftliche, nämlich familienpolitische Aufgabe, die entsprechend aus Steuermitteln zu finanzieren wäre.

Nach aktuellem Stand beläuft sich die Nachhaltigkeitslücke der öffentlichen Haushalte auf 240,6 Prozent des BIP oder 6,4 Billionen Euro. Im Jahresvergleich hat sich die Nachhaltigkeit der öffentlichen Haushalte damit verschlechtert. Nach den lediglich geringen Fortschritten des vergangenen Jahrs muss die bisherige Arbeit der Großen Koalition daher als Konsolidierungsrückschritt bezeichnet werden.

Neben den im Bundeshaushalt 2014 veranschlagten Ausgabenerhöhungen für Infrastruktur-, Bildungs- und Forschungsinvestitionen ist eine wesentliche Ursache dieses Konsolidierungsrückschritts das Rentenpaket der Bundesregierung. Insgesamt belaufen sich die langfristigen Kosten des Rentenpakets auf 10,7 Prozentpunkte des BIP oder 285 Mrd. Euro. Hiervon entfallen 115 Mrd. Euro auf die Mütterrente, 61 Mrd. Euro auf die Rente mit 63, 99 Mrd. Euro auf die verlängerte Zurechnungszeit bei der Erwerbsminderungsrente und 11 Mrd. Euro auf die Erhöhung des Reha-Budgets. In der Summe werden durch das Rentenpaket die in der jüngeren Vergangenheit erzielten Rentenreformerfolge konterkariert. Problematisch ist insbesondere, dass mit dem Rentenpaket neue Privilegien für einzelne Jahrgänge geschaffen werden (Rente mit 63) und die Finanzierung versicherungsfremder Leistungen dem Beitragszahler aufgebürdet wird (Mütterrente). Die Gewinner des Rentenpakets sind die Jahrgänge 1964 und älter. Die Jahrgänge 1965 und jünger werden dagegen einseitig durch das Rentenpaket belastet. Diese werden mit höheren Beiträgen für die Finanzierung des Rentenpakets aufkommen müssen.

Mit zusätzlichen Belastungen der öffentlichen Haushalte ist auch durch die geplante Pflegereform zu rechnen. So summieren sich die langfristigen Kosten der mit dem Pflegestärkungsgesetz verfolgten

Leistungsverbesserungen auf 7,2 Prozentpunkte des BIP oder 192 Mrd. Euro. Zwar ist die gleichzeitig geplante Erhöhung des Beitragssatzes ausreichend, um die Mehrausgaben der GPV in der kurzen Frist zu decken. Langfristig verbleibt jedoch auch unter Berücksichtigung dieser Beitragsmehreinnahmen unter dem Strich eine zusätzliche Belastung der öffentlichen Haushalte in Höhe von 3,5 Prozent des BIP oder 93 Mrd. Euro. Auch die Einführung des Pflegevorsorgefonds ist aus der Perspektive der Nachhaltigkeit mehr Schein als Sein. Bei einem lediglich geringen Effekt auf die Nachhaltigkeit der Pflegereform führt der Pflegevorsorgefonds zwar zu einer etwas gleichmäßigeren intergenerativen Lastenverteilung.

Unter dem Strich bleibt jedoch festzuhalten, dass die jüngeren Jahrgänge und die zukünftigen Generationen die Verlierer der Rentenpakete und der Pflegereform sind. In der Gesamtbetrachtung bleibt damit auch die geplante Pflegereform der Großen Koalition die Antwort auf die Frage schuldig, wie die Leistungen der sozialen Pflegeversicherung – auch für zukünftige Generationen – dauerhaft finanziert werden können.[97]

g) **Kapitalbildung für alle** (Ulrich Horstmann)

Nicht nur die Altersvorsorge Erhard'scher Prägung, auch das Erhard'sche Aktiensparen, sollte revitalisiert werden. Referenz hierfür könnte die weitgehende Privatisierung des früher staatlichen Unternehmens VW sein. Das Volkswagenwerk sollte über die Volksaktie in den Besitz weitester Volkskreise überführt werden. Dazu Erhard:

»Es werden und sollen vor allem die kleineren und mittleren Sparer sein, die hinsichtlich der Möglichkeiten und der Bedingungen des Aktienerwerbs Vorrang und sogar eine gewisse materielle Begünstigung genießen werden. In dem besagten Gesetz wird weiter sichergestellt, daß sich nicht über die Ausübung des Stimmrechts Machtkonzentrationen

irgendwelcher Art bilden können. (...) daß der Sinn und Wert des angeblich zu schützenden Volkvermögens einen sehr viel besseren und sozialeren Ausdruck findet, wenn das Volk selbst und unmittelbar in Gestalt privater Besitztitel Eigentümer dieses Vermögens ist.«[98]

Die Erhard'sche Politik, aus Kleinsparern Aktionäre zu machen, ist zwischenzeitlich in Vergessenheit geraten. Aktuell könnte der Vorstoß eines führenden deutschen Managers wieder mehr Breitenwirkung entfalten. So wirbt der Vorstandsvorsitzende der Siemens AG, Joe Kaeser, mit guten Argumenten für Belegsschaftsaktien[99]. Mit eigenen Aktien handeln die Mitarbeiter eher so, als wäre es ihre eigene Firma. Sie treten dann gegenüber den Kunden mit Selbstbewusstsein und Stolz auf.

Mitarbeiteraktien sind zudem ein wichtiger Bestandteil der Altersvorsorge. Die derzeitige staatliche Regulierung verhindert aber regelrecht eine mögliche Verbreitung dieser nicht neuen Idee. Für vergünstigte Mitarbeiteraktien besteht ein kaum nennenswert niedriger Freibetrag von 360 Euro. Andere Staaten sind hier pragmatischer und vor allem mitarbeiterfreundlicher. Eigentlich sollte der Staat an soliden, langfristig orientierten Ankeraktionären Interesse haben. Aber anscheinend ist das Interesse – und die notwendige Lobbyarbeit dafür – in der Politik für diese sinnvolle Anlage entsprechend schwach. Weitere Manager sollten dem guten Beispiel von Joe Kaeser folgen. Hier besteht dringend Reformbedarf!

Die Banken haben durch ihre Skandale an Reputation verloren und wirken auch bzgl. des Aktiensparens als wenig glaubwürdig. Sie müssen ihre Vergangenheit aufarbeiten und haben nicht dazu beigetragen, die Aktienkultur zu fördern. Der langfristig und konservativ anlegende Kunde war und ist nicht lukrativ für sie. Besser für die Finanzinstitute sind schnell drehende Produkte, um eifrig Provisionen kassieren zu können. Selbst die üblicherweise vorsichtig formulierende FAZ beurteilt die Fähigkeit der Finanzinstitute, zukunftsweisende Reformen durchzuführen, skeptisch: »*Es hat wenig Sinn, auf Selbstreinigungskräfte in den Banken zu vertrauen, die Vertreter der alten Ordnung könnten das Gewerbe in eine neue Blüte führen.*«[100]

Einen negativen Nachgeschmack liefert bis heute auch die Privatisierung der Telekom zu überhöhten Preisen. Das Vertrauen in den Staat und seine Integrität wurden untergraben. Die Staatseinnahmen wurden maximiert zu Lasten des Wohlergehens der Zeichner kleiner Aktienpakete. Dieser Vertrauensschaden wirkt bis heute nach. Die grundsätzlich richtige Politik des Aktiensparens sollte trotz solcher Tiefschläge durch einnahmenmaximierende Finanzminister (zu Lasten der Anleger) erneut verfolgt werden. Die Gier der New-Economy-Zeit, die auch staatliche Stellen erfasste (man denke nur an die Versteigerung der Mobilfunklizenzen), sollte als geschichtliche Fehlentwicklung zu den Akten gelegt werden!

Dazu abschließend Erhard: »*Wir in Deutschland besonders sind geradezu schicksalhaft auf die Belebung der Spartätigkeit und auf die Regeneration des freien Kapitalmarktes angewiesen, und wir müssen deshalb über die augenblicklichen Sorgen hinaus alles tun, um das zugunsten der Eigeninvestition völlig verkümmerte Kapitalmarktsparen wieder in Gang zu setzen. Dazu gehört eine organische Zinspolitik und eine Änderung der Steuergesetze im Hinblick auf die bisher einseitige Vergünstigung der Selbstfinanzierung. Ein gesunder und funktionsfähiger Kapitalmarkt bietet die beste Gewähr für sinnvolle produktive und volkswirtschaftlich nützliche Investitionen, und nur ein solcher Kapitalmarkt ist auch in der Lage, hier den Ausgleich herbeizuführen.*«[101]

h) Staatliche Zuwendungen für Reiche? Ist der heutige Sozialstaat noch gerecht? (Ulrich Horstmann)

Sozialgeschenke für Reiche schaffen eine Umverteilung »von unten nach oben«. Gutverdiener haben Anspruch auf Sozialleistungen, obwohl sie diese gar nicht nötig haben. Sollen wohlsituierte Familien auch Kindergeld bekommen? Wohl kaum. Auch Reiche gewöhnen sich dann an vermeintliche »soziale Errungenschaften«. Die selbstverantwortliche Eigenversorgung erlahmt.

Wenn auch Leistungsfähige Anspruch auf Sozialleistungen haben, ist dies nichts anderes als »Sozialismus für Reiche«. Investmentlegende Jim Rogers prägte diese provokant erscheinende Einschätzung. Er sprach 2008 davon im Zusammenhang mit seiner Kritik an der Politik des leichten Geldes in den USA: *»Was die Fed hier veranstaltet, ist eine Art Sozialismus für Reiche.«*[102]

Erhard warnte vor den fatalen Folgen, wenn Unternehmen und Gewerkschaften eine Inflationspolitik fördern: *»Die Schuld würde sogar zum Fluch werden, wenn da jemand eine bewußt inflationäre Entwicklung fördern wollte, um auf solche Weise zu leichterer Rückzahlung aufgenommener Kredite befähigt zu werden. Es liegt mir fern, einen solchen Verdacht zu äußern, um so mehr als wohl niemand daran zweifeln kann, daß bereits ein solcher Versuch zur politischen Katastrophe führen müßte. Die Gewerkschaften sollten sich deshalb auch fragen, ob sie mit ihrer aktiven Lohnpolitik nicht die Geschäfte verantwortungsloser Spekulanten besorgen, wenn diese zu Preissteigerungen führen muß. Die Reaktion des deutschen Volkes selbst auf die geringen Preiserhöhungen zeigt sich in einem deutlichen Rückgang der Sparrate von beispielsweise einem Einzahlungsüberschuß von 188 Mill. DM im Juli 1955 zu einem Auszahlungsüberschuß von 109 Mill. DM im Juli 1956. Diese bedenkliche Entwicklung konnte erst durch energische Maßnahmen der Bundesregierung gewendet werden. Es sind aber nicht nur ökonomische, sondern auch soziologische und politische Gefahren, die uns von einer solchen Fehlentwicklung her bedrohen müßten. Solche Gedanken konsequent zu Ende gedacht, sollten uns veranlassen, die Währungsstabilität in die Reihe der menschlichen Grundrechte aufzunehmen, auf deren Wahrung durch den Staat jeder Staatsbürger Anspruch hat.«*[103]

Kirchhof thematisierte in diesem Zusammenhang ebenfalls einen notwendigen Grundrechtsschutz. Dieser käme vor allen Kleinsparern zugute. Kleine, ohnehin förderungswürdige Sparer und Angestellte können sich den Negativfolgen einer unsoliden Geldpolitik weniger entziehen als »Reiche«. Sie können sie leichter nutzen. Bei Inflation werden sie sich stärker verschulden.

In Russland und China wurde sogar eine Oberschicht von Superreichen geschaffen, die dank sicherer Geschäfte in Kooperation mit den Regierungen dem Wettbewerb nicht ausgesetzt ist. Auch die US-Wirtschaft zeigt eine erstaunlich hohe Machtkonzentration großer Konzerne und ihrer Eigner. Der Finanzsektor im Verbund mit der Wall-Street und den Ratingagenturen beispielsweise; der Einfluss auf die Regulierungen und die vermeintliche Systemrelevanz nutzen den Großen. Wettbewerb von unten findet so immer weniger statt. Vor diesem Hintergrund ist die »reine Lehre« der Sozialen Marktwirtschaft Erhard'scher Prägung völlig in den Hintergrund getreten.

Auch in Deutschland werden Märkte verfälscht. Solide wirtschaftende Firmen erhalten Subventionen, die reine Mitnahmeeffekte schaffen. Auch wenn der »Sozialismus für Reiche« auf der Unternehmensebene nicht so ausgeprägt sein mag, wie in den genannten Staaten, bleibt zu bedenken: Die Steuerbelastung für Großkonzerne, die mit Abwanderung drohen können, ist viel zu niedrig. Die Steuern für kleine Angestellte sind dagegen viel zu hoch. Damit sind sie nicht ausreichend in der Lage, für sich selbst zu sorgen. Die Umverteilung erfolgt dabei durch die höhere Besteuerung von Arbeit gegenüber Kapital »von unten nach oben«. Aber auch, wenn ein Subventionsempfänger Kenner deutscher Steuerschlupflöcher ist, oder hier gut beraten wird. International hat dies zugunsten multinationaler Konzerne sogar eine neue »Steuervermeidungsindustrie« aufblühen lassen. Besonders gut beratene, findige Konzerne zahlen so fast gar keine Steuern mehr.

Dazu Ludwig Erhard:

»Nicht, daß wir Bilderstürmer wären, die den Fortschritt hemmen möchten und nicht darum wüßten, daß die moderne Technik, aus welchen Erkenntnissen auch immer, in vielen Bereichen zu Großformen der Wirtschaft und selbst zu Konzentrationen hinzwingt. Aber wir sind nicht bereit, der sich so deutlich abzeichnenden Entwicklung einer immer stärkeren Konzentration in Gestalt erkennbarer oder auch undurchsichtiger Konzernbildungen tatenlos zuszusehen, und dies besonders dann nicht, wenn Bestimmungen des Aktienrechts oder der Steuergesetzgebung aus der Vergangenheit der ökonomischen Situation von heute nicht mehr entsprechen, sondern ohne zwingende Notwendigkeit in ungerechter Weise Bevorzugungen und Privilegien schaffen, die mit unseren gesellschaftspolitischen Vorstellungen nicht nicht in Einklang zu bringen sind.«[104]

Die Grenzen des Sozialstaats sind spätestens mit der Finanzierbarkeit der vermeintlichen sozialen Wohltaten markiert. Ludwig Erhard setzt den Rotstift aber bereits früher an. Die Finanzierung sozialer Leistungen durch das Kollektiv ist für ihn nicht die Regel, sondern die Ausnahme. Der Sozialstaat wird nur bei wirtschaftlicher Not aktiviert:

»Wer sich nicht scheut, die anstehende Problematik hart und klar zu Ende zu denken, wird schnell die Illusion des Sicherheitsbedürfnisses erkennen. Ebensowenig wie ein Volk mehr verzehren kann, als es als Volk an Werten geschaffen hat, so wenig kann auch der Einzelne mehr an echter Sicherheit erringen, als wir uns im ganzen durch Leistung Sicherheit erworben haben. Diese Grundwahrheit wird auch nicht durch Verschleierungsversuche mittels kollektiver Umlegeverfahren aus der Welt geschafft. Ja, gerade dieses gewiß sozial gemeinte Umlegeverfahren muß mit einem sehr hohen Preis bezahlt werden. Das Streben nämlich, den einzelnen Menschen von zu viel staatlichem Einfluß und zu viel Abhängigkeit zu befreien, wird dadurch zunichte gemacht; die Bindung an das Kollektiv wird immer stärker. Die vermeintliche Si-

cherheit, die dem Individuum vom Staate oder von irgendeinem anderen Kollektiv gewährt wird, muß es sich selbst teuer erkaufen. Der solcherart Schutzsuchende muß also zuerst einmal bar bezahlen. Es ist auch ein Irrtum zu glauben, daß der Weg zum Versorgungsstaat erst dann beschritten wäre, wenn die kollektive Sicherheit ganz oder teilweise vom Staat aus allgemeinen Steuermitteln gewährt werden würde. Ebensowenig kann man diesen Gefahren dadurch entrinnen, daß man einen totalen Versicherungszwang setzt, die Leistungen aber aus Beitragsumlagen finanziert.«[105]

Die Grenzen des Sozialstaates im Erhard'schen Sinne sind spätestens seit den 70er-Jahren des vergangenen Jahrhunderts überschritten worden. Aber jetzt geht es immer weiter. Die Große Koalition gibt zwar vor, für die kleinen Leute und ihre Interessen einzutreten. Mit dem ungebremsten Ausbau der Sozialpolitik schadet sie aber Arbeitnehmer- und Konsumenteninteressen. Die unfinanzierbar gewordene Energiewende wird auf die Verbraucher abgewälzt. Normal verdienende Bürger sind kaum mehr in der Lage, »etwas zur Seite« zu legen.

Transparenz und Leistungswettbewerb werden immer stärker ausgehebelt. Es erfolgen immer mehr Eingriffe in den Markt, die Staatswirtschaft ufert aus. Dem Markt wird misstraut und angesichts der vielfältigen Eingriffe kann er nicht mehr richtig funktionieren. Mit den administrativ über die EZB festgelegten Niedrigzinsen werden Vermögenspreise verzerrt. Wenn der Preismechanismus aber nicht mehr uneingeschränkt funktioniert, kommt es zu Verwerfungen. Durch die Niedrigzinsen weiter steigende Immobilienpreise z. B. suggerieren Prosperität, die wirtschaftlich nicht gerechtfertigt ist. Dadurch kommt es zu Fehlentscheidungen, die ohne den verzerrenden Eingriff nicht denkbar wären. Marktergebnisse sind dann gerecht, wenn der Wettbewerb nicht verfälscht wird.

Der sich überall einmischende Versorgungsstaat schafft auch Quoten. Nicht die beste Eignung eines Arbeitnehmers oder einer Arbeitnehmerin steht im Fokus, sondern das Erfüllen einer von Bürokraten festgelegten Vorgabe. Solche Quoten, welche auch immer (auch die Frauenquote) sind der Ausdruck von Planwirtschaft und zerstören die freie Entscheidung für die besten oder passenden Personen für bestimmte Aufgabenbereiche. Dies ist nicht marktgerecht und auch unabhängig davon unethisch. Der ausufernde Sozialstaat hat sich längst verselbstständigt. Er muss wieder – laut Erhard – bei der Deckung der Bedürftigkeit seine Grenze finden.

Das Verteilen von Wohltaten nach der Rasenmähermethode bestraft die Leistungswilligen und schwächt auch die Empfänger der Sozialleistungen. Sie gewöhnen sich an ein arbeitsfreies Einkommen, auch wenn sie in der Lage wären, ihren Lebensunterhalt selbst zu verdienen. Umverteilung stößt an Grenzen. Die Verringerung von Ungleichheit über Sparen und Konsumverzicht würde Erhards Vorstellungen entsprechen. Der mit Eigentumsbildung in breiten Händen verbundene, soziale Aufstieg ist erfolgversprechender. Es fördert das Selbstbewusstsein und den Bürgersinn.[106]

So ist nach Erhard »soziale Gerechtigkeit« am ehesten »Leistungsgerechtigkeit« – er setzte das Wort Gerechtigkeit fast immer in Anführungszeichen;[107] den Staat sah er als Steigbügelhalter:

»Das mir vorschwebende Ideal beruht auf der Stärke, daß der einzelne sagen kann: ›Ich will mich aus eigener Kraft bewähren, ich will das Risiko des Lebens selbst tragen, will für mein Schicksal selbst verantwortlich sein. Sorge du, Staat, dafür, daß ich dazu in der Lage bin.‹ Der Ruf dürfte nicht lauten: ›Du, Staat, komm mir zu Hilfe, schütze mich und helfe mir‹, sondern umgekehrt: ›Kümmere du, Staat, dich nicht um meine Angelegenheiten, sondern gib mir so viel Freiheit und laß mir von dem Ertrag meiner Arbeit so viel, daß ich meine Existenz, mein Schicksal und dasjenige meiner Familie selbst zu gestalten in der Lage bin.‹«[108]

i) Das Goldene Kalb Wachstum[109]

Kurt Biedenkopf zitiert in seinem lesenswerten Buch »Wir haben die Wahl« am Beginn des vierten Kapitels »Die Entdeckung der Sozialen Marktwirtschaft« Ludwig Erhard:

»Je mehr wir es dahin bringen, dass sich die Menschen als Individuen fühlen und sich gerade in der persönlichen Freiheit ihrer Kraft und Würde bewusst werden, umso besser und wohltätiger wird die gesamte gesellschaftliche Ordnung sein. Diese wird von viel höherer sittlicher Qualität sein als eine Gesellschaft, die immer neuer Organisationen und Institutionen bedarf, um das Chaos einer aus ihren inneren Zusammenhängen gerissenen Wirtschaft zu bändigen.«[110]

Biedenkopf erlebte das Scheitern des Erhard'schen Konzepts der Sozialen Marktwirtschaft:

»In der Bundestagswahl 1976 war die Union mit ihrem Wahlkampf-Motto ›Freiheit statt Sozialismus‹ ungewöhnlich erfolgreich. Mit 48,6 Prozent der Stimmen war es das beste Ergebnis, das die Union je als Oppositionspartei erzielte. Die politische Stimmung war für mehr Freiheit, die politische Wirklichkeit eher für mehr Staat. Jetzt wurden die Folgen der Tatsache sichtbar, dass es nicht gelungen war, die soziale Ordnung nach den gleichen Grundsätzen zu gestalten wie die Ordnung der Wirtschaft. Wenige Monate vor seinem Tod empfing Ludwig Erhard Meinhard Miegel und mich zu einem weiteren Gespräch. Er war müde und deprimiert. Sein Konzept der Sozialen Marktwirtschaft, so sein Resümee, sei gescheitert.«[111]

Kurt Biedenkopf zitiert am Beginn des sechsten Kapitels »Das Goldene Kalb Wachstum« erneut Ludwig Erhard:

»Was wir aber außerdem brauchen, ist ein neuer Stil unseres Lebens. Die wachsende Produktion allein hat keinen Sinn. Lassen wir uns völ-

lig in den Bann schlagen, geraten wir in solcher Jagd nach materiellen Werten in den bekannten Tanz um das Goldene Kalb. In diesem Wirbel aber müssten die besten menschlichen Eigenschaften verkümmern.«[112]

Biedenkopf führt dazu weiter aus:

»Die Frage ›Brauchen wir Wachstum?‹ wurde eindeutig und vorbehaltlos bejaht. Ob es möglich ist, wirtschaftliches Wachstum mit politischen Mitteln hervorzubringen, wurde in der gesamten Debatte um das Stabilitäts-und Wachstumsgesetz nicht erörtert. Alle gingen von der »Machbarkeit« des Wirtschaftswachstums aus. Das Gesetz wurde mit großer Mehrheit angenommen. (...)Das Ziel war eine erhebliche Ausdehnung der staatlichen Aktivitäten vor allem im Bildungs- und Gesundheitswesen, im Umweltschutz und im Bereich der sozialen Sicherung. Man war überzeugt, dass diese Bereiche bisher vernachlässigt worden waren und ein erheblicher Nachholbedarf an Leistungen bestand, die nur vom Staat erbracht werden konnten. In einem groß angelegten Programm sollte diese ›öffentliche Armut‹ überwunden werden. Dafür war anhaltendes hohes Wachstum erforderlich.

Das Wachstumsziel diente so nicht in erster Linie der wirtschaftlichen Stabilität, sondern der Expansion der Politik. Im Februar 1967 stellte Franz Josef Strauß resignierend fest, der Weg, in der Phase der Konjunkturabschwächung, Schulden zu machen, die später wieder abgetragen werden müssten, sei wohl leichter zu begehen als der andere Weg, nämlich in günstiger Konjunkturlage Ausgleichsrückstellungen zu bilden.

Wie sich zeigen sollte, war der Weg, zunächst Schulden zu machen, tatsächlich der leichtere. Nur abgetragen wurden die Schulden nicht mehr. Die politische Kraft fehlte, die durch die bisherige Politik gezogenen und mit dem politischen Kurswechsel aufgehobenen Begrenzungen der Finanzpolitik wieder aufzurichten. Mit dem Wachstumsziel konnte man diese Schwäche rechtfertigen.

Erhard hatte die Gefahren einer solchen Entgrenzung der Politik schon zu Beginn der 1960er-Jahre gesehen. Mit seinem Konzept der formierten Gesellschaft wollte er sie abwehren. Es ist ihm nicht nicht gelungen, dieses Konzept zu verwirklichen. 1966 wurde nicht nur Ludwig Erhard als Kanzler gestürzt. Die große Mehrheit des Parlaments trennte sich auch von seinem ordnungspolitisch begründeten Stabilitätsdenken. Man wollte nicht länger ›Maß halten‹ – auch das Maß nicht, das er mit seinen Ermahnungen und Begrenzungsversuchen zu setzen versucht hatte. Der Drang zum Versorgungs- und Kollektivstaat, die macht- und organisationspolitischen Realitäten waren stärker. Sie setzten sich hinweg über die Idee einer ›gewollten politischen Gesamtschau‹, deren Ergebnis ›ein vitales Verhältnis zwischen sozialer Stabilität und wirtschaftlicher Dynamik‹ sein sollte.

Niemand mehr teilte seine Überzeugung, dass durch ›Eingriffe des Staates (...) um des Phänomens des Wachstums willen (...) die menschliche Freiheit und Freizügigkeit Schaden erleiden müsse‹. Im Gegenteil: Man war nun der Ansicht, wirtschaftliches Wachstum, ausgedrückt im relativen Zuwachs des Bruttosozialprodukts, sei nicht nur ein Ziel, sondern ständige Bedingung für die Wirtschafts- und Finanzpolitik. In der Kommentierung des Stabilitäts- und Wachstumsgesetzes von 1972 (Stern/Münch/Hansmeyer) heißt es: ›Wachstum erfüllt in der gegenwärtig geltenden Wertordnung mit Stolz, Wachstum verleiht Macht und trägt zur sozialen Zufriedenheit bei.‹ Die hinter dem Wachstumsziel stehenden meta-ökonomischen Ziele seien »neben der Glückseligkeit« des Menschen vor allem das Streben nach staatlicher Machterweiterung.« [113]

j) Erhard und die Globalisierung, der Blick über den Tellerrand
(Ulrich Horstmann)

Für Erhard standen der Freihandel zwischen souveränen Staaten im Fokus und die Dezentralisation der Macht statt des in Deutschland traditionell vorrangigen Primats der Außenpolitik (wie bei Friedrich dem Großen und Bismarck, bei Kohl und Merkel lebte diese Tradition wieder fort). Ludwig Erhard setzte auch auf die Integration Europas und erklärte beispielsweise 1956:

»Die Integration Europas ist notwendiger denn je, ja sie ist geradezu überfällig geworden. Aber die beste Integration Europas, die ich mir vorstellen kann, beruht nicht auf der Schaffung neuer Ämter und Verwaltungsformen oder wachsender Bürokratien, sondern sie beruht in erster Linie auf der Wiederherstellung einer freizügigen internationalen Ordnung, wie sie am besten und vollkommensten in der freien Konvertierbarkeit der Währungen zum Ausdruck kommt. Konvertierbarkeit der Währung schließt selbstverständlich die volle Freiheit und Freizügigkeit des Waren-, Dienstleistungs- und Kapitalverkehrs ein.«[114]

Eine offene, freie Wirtschaft stand für ihn im Vordergrund:

»Eine enge Verflechtung mit der Weltwirtschaft bedeutet für die Europäische Wirtschaftsgemeinschaft nicht nur eine Lebensnotwendigkeit, sondern eine internationale Verpflichtung. Dies gilt besonders für Deutschland, dessen Wirtschaft in starkem Maße exportorientiert, aber auch einfuhrabhängig ist.«[115]

Er warnte wiederholt vor den Fehlentwicklungen in einem zentralistischen und planwirtschaftlichen Europa. Für ihn war eine föderative Gestaltung und ein vielseitiges Europa maßgeblich.[116] In seinem berühmten Hauptwerk »Wohlstand für Alle« fragt er:

»Wer ist ein guter Europäer? Ich sagte dazu:

Ich jedenfalls bin nicht willens, mir meine europäische Gesinnung und auch nicht meine Gläubigkeit aberkennen zu lassen, weil ich die diesbezüglichen Fragen anders gestellt und allen Beteiligten zu prüfen an-

heim gegeben habe, ob es denn nur einen Weg und nur eine Methode hin zu Europa gäbe, oder ob nicht andere Mittel vielleicht schneller und wirksamer zum Ziele führten. Ich möchte es ganz deutlich sagen und bekennen, daß ich nicht weniger, sondern mehr Europa wünsche, als es in den Vorschlägen nach weiteren Teilintegrationen zum Ausdruck kommt. Wenn man neuerdings dem Begriff ›Teilintegration‹ eine andere Auslegung geben und dabei nicht mehr so sehr an branchenwirkliche Zusammenfassungen denn an die Abtretung von Teilfunktionen denken möchte, so kann das nur zu einer Verwirrung der Begriffe führen. Jede echte Funktion ist unteilbar. Es ist darum nicht meine Flucht vor, sondern meine Sorge um Europa, wenn ich befürchte, daß durch eine solche Art von Additionen und Akkumulationen weder das ökonomische noch das politische Ziel erreicht werden wird. Des weiteren widerstrebe ich nicht europäischen Bindungen, sondern möchte umgekehrt die Voraussetzung hierfür schaffen, wenn ich mahne, daß zuvörderst die innere Ordnung der Volkswirtschaften in nationaler Verantwortung sicherzustellen sei, weil sonst die Integration zu einem übernationalen Dirigismus führen müßte. Aus dieser meiner Schau wird aber auch deutlich, daß ich nicht geneigt bin, Europa als ein letztes und absolutes Ziel der ökonomischen Ordnung anzusehen. Hier mag sich der Wirtschaftspolitiker von dem Außenpolitiker unterscheiden. Für mich bedeutet die Integration nur eine erste Station, die uns sichtbar vor Augen liegt und in der es zunächst gilt, alle Schranken des internationalen Warenaustausches abzubauen. Ich erstrebe unter allen Umständen den Weg der freiheitlichen und freizügigen Verbindung mit allen Ländern der westlichen Welt, insbesondere natürlich mit unseren europäischen Partnern. Europa ist insoweit eine Integrationsform wirtschaftlicher oder politischer Art. Das Ziel geht jedoch darüber hinaus, und das eben heißt, daß wir die westliche Welt nicht noch einmal in verschiedene Wirtschaftsräume aufsplittern dürfen.«[117]

Die heutige EU würde er vermutlich sehr kritisch beurteilen. Derzeit will die EU-Kommission immer mehr Kompetenzen an sich ziehen und damit das Durchregieren auf höchster Ebene erzwingen. Das

Glühlampenverbot und die Beschränkung der Wattleistungen von Staubsaugern sind Beispiele für einen fragwürdigen Zentralismus, der die Verbraucherfreiheit einschränkt. Das ist genau der der übernationale Dirigismus, vor dem Erhard warnte.

Erhard sprach auch die Verwirrung der Begriffe an und wies darauf hin, dass jede echte Funktion unteilbar ist. Die »organisierte Unverantwortlichkeit«[118] in Europa wäre von ihm strikt abgelehnt worden. So wird das Haftungsprinzip von den Entscheidern kollektiv ausgehebelt und die Marktwirtschaft sukzessive abgeschafft.

Die EZB wird zum neuen Hegemon Europas. Sie wird mit Aufgaben überfrachtet. Es ergeben sich Interessenkonflikte durch die Bankenüberwachung. Die zentrale Kapitallenkung und -umverteilung hat sich von einer demokratischen Kontrolle weitgehend entkoppelt. Eine derartige Geldumverteilungsbehörde wird auf die Dauer nicht von der Bevölkerung akzeptiert. Die EZB hat sich selbst schon zu einer »Bad Bank« entwickelt.[119]

Das Europa gleicher und freier Nationen, die im Wettbewerb stehen, hat sich dagegen bewährt. Freie Grenzen und Fair Play sind Voraussetzung. Die neue Euro-Zwangsgemeinschaft führt zu Unfrieden. Schwächeren Volkswirtschaften wird der Ausweg einer Abwertung versperrt.

Große Konzerne profitieren, die Bürger nicht, vor allem wenn sie die fehlerhafte Banken- und Euro-Rettungspolitik – letztlich – finanziell schultern müssen. Politiker sind nicht in der Lage, die sich verstärkende Umverteilung von unten nach oben, zu verhindern. Im Gegenteil. Das Politikversagen ist das Hauptproblem. Die fatale Uneinigkeit europäischer Volksvertreter ist die offene Flanke. Sie wird systematisch von großen Konzernen mit ihren international agierenden Steuerexperten genutzt, während die lokal agierenden Finanzämter überfordert sind. Die Länder in der Eurozone sind uneinig, stellen erpresserische Forderungen zum Schutz der Interessen der eigenen Industrie-, Handels- und Landwirtschaftsbetriebe oder Banken.

Ein vermeintlich zusammenwachsendes Europa lässt sich durch die international agierende Steuervermeidungsindustrie multinationaler Konzerne aushebeln. Dies zerstört das Vertrauen der EU-Bürger. Die Weichen für diese Fehlentwicklungen wurden bereits maßgeblich während der Kanzlerschaft von Schröder, so unter anderem durch das Schröder-Blair-Papier, gestellt. Auch der französische Staatspräsident Hollande hat hier noch keine Änderungen veranlasst. Er bastelt weiter an der französischen Variante des zentralistischen Staatskapitalismus. Das föderale Konzept Erhard'scher Prägung wird immer stärker preisgegeben.

Regionaler Wettbewerb, eine föderale Konkurrenz ohne Finanztransfers entsprach eher Erhards Vorstellungen. Der langjährig im Inland praktizierte Länderfinanzausgleich ist zu Recht zunehmend umstritten. Letztlich handelt es sich um Zentralismus durch die Hintertür, wenn zusätzlich gilt »Bund und Land Hand in Hand«. Durch regionalen Wettbewerb werden Demokratie und Freiheit gesichert – nach dem Vorbild der Stadtstaaten im alten Griechenland. Menschen müssen vor schlechten Regierungen flüchten können. Dies diszipliniert politische Entscheidungsträger und trägt zum Wohlstand durch Wettbewerb bei.

»Politische Integration oder Union ist aber einfach ein anderes Wort für politische Zentralisierung. Sie gibt dem Staat mehr Macht über die Bürger. Sie entzieht der Freiheit ihre politisch-ökonomische Grundlage. Europa war in der Vergangenheit so erfolgreich, weil es kein Großreich war. Es ist dabei, sein historisches Erfolgsgeheimnis zu verspielen. Auf den ›universal state‹ folgt der Niedergang.«[120]

Ludwig Erhard hätte wohl Zentralismus und Transferunion in der Eurozone, so wie sie heute praktiziert wird, abgelehnt.[121] Eine neue zentralistische Großmacht Europa mit einer »Kontrastideologie« gegenüber den ausseits Stehenden wollte er vermeiden. 1963 ehrte Ludwig Erhard den britischen Politiker Edward Heath anlässlich der Verleihung des Karlspreises. Er war Verhandlungsführer zur Aufnahme Englands in die EWG, die an Frankreichs Veto unter Charles de Gaulle scheiterte. Großbritannien trat erst 1973 in die EG ein. Ein Austritt aus der EU könnte nach einem Referendum 2017 erfolgen. Dabei fand er klare Worte zu Europa:

»Gewiß blicken wir heute über die Grenzen des Reiches Karls des Großen hinaus. Ein gleiches hat auch das Direktorium des Karlspreises getan, d. h. es hat sich dabei nicht auf Europäer – geschweige denn auf Kontinentaleuropäer – beschränkt. Ich denke besonders daran, daß es vor vier Jahren den Amerikaner George C. Marshall ausgezeichnet hat – und dies mit vollem Recht, denn seine Tat gewordene Idee hat nach dem Kriege entscheidend zur Zusammenführung und Wiedererstarkung des zerschlagenen Europas beigetragen. Hierin dürfen wir zugleich ein Symbol dafür erblicken, daß wir das werdende Europa nicht als weltpolitische ›dritte Kraft‹ in sich begreifen, sondern als die eine, aber starke Säule, auf der eine atlantische Partnerschaft beruht.«[122]

Eine *»Festung Europa«* war nicht Erhards Leitbild. Hier äußerte er sich sehr klar. Die europäische Säule war mit der atlantischen Partnerschaft verbunden – ohne Feindbilder. Derzeit werden Zentralisierungen und Vergemeinschaftungen auf europäischer Ebene mit dem Ziel einer engen politischen Union u. a. mit dem Zwang zur Größe begründet, um gegen die USA und China bestehen zu können. Das dies nach Erhard der falsche Weg ist, zeigt auch seine Stockholmer Rede:

»Es wäre aus meiner Sicht wenig glücklich, wenn wir die Welt wieder in sogenannte ›Großräume‹ aufspalten wollten, die in sich selbst Genüge zu finden versuchten. Das würde die Spannungen selbst innerhalb

der freien Welt noch verstärken. Eine Vielzahl von Nationalstaaten mag im Widerstreit der Interessen zu Reibungen, zu Spannungen und, wie wir erfahren haben, selbst zu kriegerischen Verwicklungen führen. Aber je mehr größere wirtschaftliche und politische Räume mit Machtanspruch auftreten, umso gefährlicher werden zwangsläufig die Gegensätze, wenn auch nicht von Anfang an der Wille zur Verständigung, zur Versöhnung und zur Zusammenarbeit lebendig ist. (...)

Wehe dem, der glaubte, man könnte Europa etwa zentralstaatlich zusammenfassen, oder man könnte es unter eine mehr oder minder ausgeprägte zentrale Gewalt stellen. Nein – dieses Europa hat seinen Wert auch für die übrige Welt gerade in seiner Buntheit, in der Mannigfaltigkeit und Differenziertheit des Lebens (...) Wehe, wenn wir in Europa noch einmal falsche Kategorien (Größe eines Landes, Stärke oder Macht statt ein Europa der ›Freien‹ und der ›Gleichen‹, Anm. des Verfassers) setzen würden und wenn wir Europa nicht neben allen wirtschaftlichen Bindungen und politischen Verpflichtungen, auch aus unserer Geschichte heraus in die Zukunft projeziert, als eine aus Kultur und Geist geprägte Gemeinschaft auffassen wollten.«[123]

Eine einzige Wirtschafts- oder Finanzpolitik für die EU wäre nach Erhard aufgrund der Unterschiede in den europäischen Völkern und ihren Ländern zum Scheitern verurteilt.[124] Den europäischen »Mythos« kritisierte er deutlich:

»Es ist in Europa eine Art Mystizismus aufgekommen! Man tut so, als ob die geschaffenen Institutionen unantastbar oder überhaupt gegen jede Kritik gefeit sein müßten. Können wir wirklich annehmen, dass diese Verträge göttlicher Weisheit entsprechen?«[125]

7. Was ist jetzt zu tun? (Ulrich Horstmann)

Folgende Reformen sind jetzt vorrangig:

Europa der Freien und Gleichen

Erhards Sorge vor der Planwirtschaft in Europa war berechtigt. Kleine politische Einheiten schaffen Wahlfreiheit, die Bürger können leichter abwandern. Regionaler Wettbewerb ist wichtig, die Menschen müssen vor schlechten Regierungen flüchten können. Die Umverteilungspolitik im Zuge der vermeintlichen Euro-Rettungspolitik schuf ein neues Kollektiv. Der Maastricht-Vertrag muss eingehalten werden. Staatliche Hilfen innerhalb des Eurosystems müssen unterbunden werden. Statt des zentralistischen Europa sollte Vielfalt wieder eine Chance haben. Nationale Parallelwährungen zum Euro würden Staaten wie Griechenland mehr helfen, als die Dauersubventionierung, die Reformen verhindert.

Garantie des fairen und offenen Wettbewerbs ohne Klientelschutz

Demokratie und ein freier Wettbewerb sind sicherzustellen. Dies ist ein unerlässliches Korrelat für die Erhaltung der Demokratie. Statt halbherziger Reformen ist jetzt eine grundlegende Neuorientierung in der Wirtschafts-, Geld- und Sozialpolitik erforderlich. Der Staat muss freien Wettbewerb garantieren und den korrumpierenden Lobbyismus gleichzeitig durch ein klar formuliertes Kartellrecht verhindern.

Insbesondere das deutsche Steuersystem passt nicht zu einer leistungsorientierten Sozialen Marktwirtschaft. Die vermeintliche Orientierung an Gerechtigkeit verdeckt, dass die Vielzahl von Spezialvorschriften fragwürdige Besserstellungen für gut vernetzte Einflussgruppen geschaffen hat. Bei den Subventionen ist diese Fehlentwicklung noch ausgeprägter. Sie sind abzubauen. Das Steuerkonzept von Paul Kirchhof bietet die richtigen Hinweise.

Hilfe zur Selbsthilfe statt Ausweitung des Proletariats

Hilfe zur Selbsthilfe für die Bürger muss das Ziel sein, um die bürgerliche Freiheit wiederherzustellen. Das jetzige System scheint ein neues, von der Stütze abhängiges Proletariat auszuweiten, das mit dem Erfolg der Erhard'schen Wirtschaftspolitik überwunden schien. Die Mittelschicht, die in den Jahren steigenden Massenwohlstands wuchs, wird durch finanzielle Überbelastung und Perspektivlosigkeit kleiner. Eine Jugend in Sorge und finanzieller Abhängigkeit von Eltern oder dem Staat wird zu einem Dauerphänomen. Vor allem die Jugendarbeitslosigkeit in Südeuropa ist besorgniserregend. Die Politik muss wieder Steigbügelhalter für die Bürger sein (Luise Gräfin v. Schlippenbach).

Gerade die Jugend braucht klare Leitlinien der Sozialen Marktwirtschaft Ludwig Erhards mehr denn je. Leider wird sie missinterpretiert. Dieser Produktverfälschung oder diesem Etikettenschwindel will dieses Buch entgegenwirken. Dazu Erhard 1976: *»Dieses Etikett (Soziale Marktwirtschaft, Anm. d. Verf.) wird auf Flaschen geklebt, die einen ganz anderen Inhalt haben. Es ist höchste Zeit, die Konsequenzen aus diesem Sachverhalt zu ziehen.«*[126]

Mit dem Abgang Erhards ist der Einklang von Wirtschaftstheorie und Wirtschaftspolitik verloren gegangen.[127] Dies zeigt auch folgender wegweisender Beitrag von Ludwig Erhard:

»Wirtschaftliche Freiheit und totaler Versicherungszwang vertragen sich nicht. Daher ist es notwendig, dass das Subsidiaritätsprinzip als eines der wichtigsten Ordnungsprinzipien für die soziale Sicherung anerkannt und der Selbsthilfe und Eigenverantwortung soweit wie möglich der Vorrang eingeräumt wird. Der staatliche Zwangsschutz hat demnach dort haltzumachen, wo der einzelne und seine Familie noch in der Lage sind, selbstverantwortlich und individuell Vorsorge zu treffen.«[128]

Kapitaldeckung statt Umverteilung

Das unethische »Umlage-Verfahren«, aus purer Not geboren, das in Wohlstandszeiten keinerlei Berechtigung hat, also der »Generationen-Vertrag«, sollte schnellstmöglich von einem »Kapitaldeckungs-Verfahren« abgelöst werden und für junge Berufseinsteiger gelten.

Versicherungsmathematisch notwendige Übergangskosten zur Abwicklung von auslaufenden Renten – und weiteren sozialen Verträgen – müssen aus der Staatskasse bezahlt werden. Das ist sicherlich teuer. Aber für kommende Generationen besser angelegt, als so manche andere ausgegebene Milliarde, durch die es ihnen unmöglich wird, in eigener Verantwortung und Würde, ihr Leben und das ihrer Familie sowie die Wechselfälle des Lebens allein zu meistern in Freiheit, ohne Bevormundung durch den Staat.

Es muss verhindert werden, dass unsere Nachkommen durch den nicht mehr finanzierbaren Generationenvertrag enteignet werden. Ihre Abwanderung muss durch eine glaubwürdige Perspektive zum Vermögensaufbau verhindert werden. Statt der Sorge, dass hierzulande keine Entwicklungschancen mehr bestehen, muss wieder eine neue Vertrauensbasis geschaffen werden. Erhard zeigt uns den Weg! Ich meine, aus Liebe zu kommenden Generationen sei dies unsere Pflicht! Halbe Reformen aber, ein weiteres Doktern am Symptom, bringen keinerlei Gewinn mehr.

Chancen in einer vernetzten Welt (»Industrie 4.0«)

»Wenn ihr das Gegengift anwendet, kann Europa mit all seinen schlummernden Ressourcen an Erfahrung, Intelligenz und Kreativität zu einem Kontinent der Zukunft werden. Menschen aus anderen Teilen der Welt werden bewundernd und voller Neid herüberblicken, um daran teilzuhaben.

Ihr könnt das locker schaffen. Ihr müsst nur eure ökonomischen Routinen ändern und bereit sein, mehr in eure wirtschaftliche Zukunft zu in-

vestieren – mehr Zeit, mehr Engagement und mehr Fantasie. Das Wirtschaftsgen, das ihr neben dem beschriebenen Wissen dafür braucht, habt ihr noch in euch. Die Evolution hatte noch keine Zeit, es zu vernichten. Hunderttausende Jahre lang hat es wesentlich zur Weiterentwicklung der Menschheit beigetragen, während der Sozialstaat, der davon nichts mehr wissen will, erst ein paar Jahrzehnte alt ist. Ihr müsst es nur neu beleben.«[129]

Gerald Hörhans Aufruf am Ende seines Buchs zeigt die Möglichkeiten des Wandels auf. Sie bieten aus seiner Sicht »*Abenteuer, Selbstverwirklichung und Freude am Leben*«[130]. Der national verankerte und betreute Bürger reicht dagegen die Verantwortung weiter.

Die vernetzte Welt bietet Lösungen, um Zukunft wieder auf dem festen Boden freiheitlicher und demokratischer Werte gestalten zu können. Sie sind der Kompass. Diktaturen können freie Meinungsäußerungen schlechter unterdrücken und so den »Shitstorm« und »Brainstorm« entrüsteter Bürger nicht mehr unterdrücken. Jugendproteste, z. B. in Hongkong, werden schnell zu einer globalen Nachricht. Angesichts des internationalen Kreativitäts- und Freiheitswettbewerbs sind nationale Insellösungen auf dem Rückzug. Nationalismus ist die falsche Antwort auf die globalen Herausforderungen!

Mit der steigenden internationalen Verfügbarkeit von Alternativinformation und der zunehmenden Mobilität der Jugend funktionieren nationale Insellösungen ohnehin nicht mehr. Freiheit wird so stärker zu einem universellen Gut. Die Abschottung über Mauern gelingt in einer digitalisierten Welt nicht mehr.

Die vernetzte Welt bietet so Möglichkeiten zu mehr Freiheit, Demokratie und Wettbewerb. Im Sinne Erhards bieten sich für kleine, innovative Mittelständler hier neue Expansionsfelder. Entsprechend des von Joseph A. Schumpeters geprägten Begriffs »kreative Zerstörung«[131] werden alte Strukturen zerstört. Konservierung des Bestehenden ist in einer globalen Wettbewerbswelt um die besten Ideen immer ein Rückschritt. Immer besser zu werden, alles zu hinterfragen, war immer das Motto erfolgreicher Gesellschaften und Unternehmen – notwendigerweise fußend auf einem Konsens des »fair play«, den bereits der Urvater des Kapitalismus, Adam Smith (1723–1790), unterstellte. Wettbewerbs- und Freiheitssicherung muss heute dazu kommen. Die Demokratie als bürgernahe Gestaltung der Gemeinschaftslösung wird sich vor diesem Hintergrund leichter durchsetzen, muss aber immer neu erkämpft werden.

Das Schlagwort »Industrie 4.0« ist zu Recht ein Hoffnungsträger. Staatliche Wachstumsförderungspolitik nach der Rasenmähermethode oder zugunsten von Großunternehmen lehnen wir jedoch ab. Erhard setzte demgegenüber auf eine gestaltende Ordnungspolitik und kritisierte Wachstumspolitik scharf:

»Die Enthronung des realen Konsumenten durch fiktive Wachstumsziffern hat noch eine andere bedeutsame Folge: einen Wandel im Stil der Wirtschaftspolitik, der die Konsumenteninteressen immer mehr zugunsten des Produzenteninteresses in Vergessenheit geraten läßt. Denn Wachstumspolitik bedeutet konkret Förderung der Investitionen durch staatliche Hilfen, Erhöhung der Exportziffern durch verschleppte Aufwertung, staatliche Ausfuhrgarantien und Kreditvergünstigungen, öffentliche Regional- und Strukturpolitik durch gezielte Förderungsmaßnahmen, kurz eine Wiederbelebung des Arsenals der merkantilistischen Wirtschaftspolitik des achtzehnten Jahrhunderts unter völliger Hintenansetzung aller Argumente, die seither gegen die einseitige Produzentenorientierung der Wirtschaftspolitik vorgebracht worden sind. Ob die Konsumenten mit den Gütern, die sie für ihr Einkommen kaufen können, wirklich zufrieden sind, gerät in Vergessenheit.«[132]

Das Scheitern der vielen staatlich geförderten neuen »Silicon Valleys« außerhalb Kaliforniens ist eine Warnung. Für kreative Innovation müssen die Rahmenbedingungen stimmen. Der Staat kann allenfalls »Steigbügelhalter« sein. Durch die passende Bereitstellung von Infrastruktur, heute würde man eher von »Plattformen« sprechen, auf den sich Märkte entwickeln können, entwickelt sich Wettbewerb, der heute nur global denkbar ist. Auch hier ist noch viel zu tun durch das Setzten sinnvoller Standards. Das transatlantische Freihandelsabkommen TTIP sollte dazu beitragen, diese – auch international – zu setzen.

Abschließend stellt sich am Ende dieses Kapitels die Frage, ob wir nach jahrzehntelangen Verfälschungen Erhard'scher Begriffe, und damit einer praktizierten sozialistischen Wirtschafts- und Gesellschaftspolitik noch umdenken können oder auch wollen.

8. Ludwig Erhard und das Reformparadies Neuseeland

Ein Besuch am anderen Ende der Welt (Günter Ederer)

Nur rund 20 % Staatsverschuldung, regelmäßig einen Überschuss im Staatshaushalt, die Inflation unter 2 %, die Arbeitslosenquote bei 5 %, die niedrigste Korruptionsrate in der Welt und eine Jahressteuererklärung, die jeder Bürger innerhalb einer Stunde erledigen kann. Das ist kein Staat namens Utopia, sondern die Realität in Neuseeland. Das vier Millionen Volk am anderen Ende der Welt zeigt, wie eine erfolgreiche Volkswirtschaft organisiert werden kann.

Neuseeland 1984, also vor 30 Jahren: Zweistellige Arbeitslosenquote, eine Inflation, die Richtung 20 % wanderte. Haushaltsdefizit bei -8 %, das Leistungsbilanzdefizit bei -10 %. Die Staatsverschuldung im Ausland bei über 50 %. Und das mit einem Spitzensteuersatz von 66 % »Wir sind näher an Albanien als an Schweden«, spottete damals ein Neuseeländer, der mir die Situation in seinem Staat erklärte. Eine total überregulierte und staatsgelenkte Wirtschaft.

Es bestand Pflichtmitgliedschaft in der Gewerkschaft, und die hatte eine konsequente Fünftagewoche durchgesetzt. Hohe Zölle und monopolartige Lizenzen schotteten das Land ab. Skurrile Gesetze regelten die Landwirtschaft. Margarine gab es nur auf Krankenschein, um die heimische Butterindustrie zu schützen. Die Landwirte bezogen 40 % ihrer Einkommen aus Subventionen.

Es war der Labour-Finanzminister Roger Douglas, in dritter Generation Abgeordneter eines Arbeiterwahlkreises in Auckland, der unter dem Motto: »There must be another way«, die radikalste Reform durchzog, die je ein Land aus einem überregulierten Wohlfahrtsstaat in die Marktwirtschaft zurückführte. Alle Gesetze, die den freien Arbeitsmarkt beschränkten, wurden abgeschafft, alle Subventionen innerhalb von drei Jahren auf Null zurückgeführt, alle Im-und Exportprivilegien und Beschränkungen eliminiert. Die Steuersätze wurden halbiert, der Notenbankgouverneur bekam einen Vertrag, in dem er verpflichtet ist, die Inflation zwischen Null und zwei Prozent zu halten. Sonst drohe ihm eine Gehaltskürzung und bei 4 % die fristlose Entlassung.

Die Deregulierung bewirkte einen kaum vorstellbaren Produktionsschub: Zahlen aus der zweitgrößten Stadt Christchurch: Die städtische Busgesellschaft senkte die Kosten um 34 % pro Kilometer. Der Hafenbetrieb erzielte eine Produktivitätssteigerung von 320 %. Die Einnahmen aus der Forstwirtschaft stiegen um 43 % – sie schreibt deshalb auch keine roten Zahlen mehr.

Milchbauer John Hathaway: *»Erst dachte ich, ohne Subventionen habe ich keine Zukunft. Jetzt will ich sie nie wieder, denn jetzt bin ich wieder Herr auf meinem eigenen Land.«*

Weingutbesitzer Richard Riddifort. »*Wenn Du keine Subventionen bekommst, dann musst Du halt besser arbeiten. Wir können es mit jedem in der Welt in punkto Qualität aufnehmen.*«

Seit der Reform 1984 hat die Regierung oft gewechselt, von der Labour-Party zur konservativen Nationalpartei und zu Koalitionsregierungen, aber keine hat an den Prinzipien der Deregulierung etwas geändert. Roger Douglas, der politische Initiator, sagt: »Was wir gemacht haben, ist mit drei Worten zu beschreiben: »We removed privileges« – »Wir haben Privilegien beseitigt.« Und er ergänzt, das müsse blitzkriegsartig geschehen, bevor die Interessensvertreter ihre egoistischen Machtansprüche durchsetzen können.

Roger Douglas hat mich dann noch zu Roger Kerr geschickt, dem Wirtschaftswissenschaftler, der ihm die Blaupausen und wissenschaftlichen Analysen für die Richtigkeit dieses Blitzkriegs geliefert hat. Der auch international geachtete Professor empfängt mich in der Hauptstadt Wellington. Von ihm will ich wissen, woher er den Mut und die Gewissheit hatte, eine solche »Revolution« zu empfehlen, die tief in das Leben eines jeden Neuseeländers eingriff und Millionen zwang, sich in einer völlig anderen Gesellschaftsordnung wiederzufinden.

Er sei überrascht, dass ich als Deutscher ihm eine solche Frage stelle. Er habe nichts anderes getan, als noch einmal Ludwig Erhard nachzulesen, sein Menschenbild und den sich daraus ergebenden wirtschaftlichen Notwendigkeiten. Er habe also nur die Soziale Marktwirtschaft Ludwig Erhards »eins zu eins« umgesetzt. Und wörtlich: »*Ich bin davon überzeugt, dass Ludwig Erhards liberale Ideen auch heute noch zum Erfolg in jedem Land der Welt führen. Es ist dabei völlig unwichtig, ob das Land groß oder klein ist – es kommt darauf an, wie viel Erhard es verwirklicht.*«

Ein Ratschlag, der auch in der Heimat von Ludwig Erhard wieder befolgt werden sollte.

9. Soziale Marktwirtschaft

Auslaufmodell oder Vision für die Zukunft?[133] (Martin Zeil)

Glaubt man jüngsten Umfragen, so haben nur noch weniger als die Hälfte der Bundesbürger eine gute Meinung von der Sozialen Marktwirtschaft. Auf dem Höhepunkt der Weltwirtschaftskrise 2008/2009 waren es sogar bisweilen nur noch ein Drittel. Das Wort »Neoliberalismus« ist zum negativen Kampfbegriff in der politischen Auseinandersetzung geworden und wird dabei mit »sozialer Kälte« und »schrankenlosem Kapitalismus« gleichgesetzt. Unsere Gesellschaft, unsere Wirtschaftsordnung werden von vielen als »zu wenig gerecht,« als »nicht mehr sozial« empfunden. Vor diesem Hintergrund finden gesetzliche Eingriffe wie Mindestlöhne, Mietpreisbremse oder kostspielige Zusatzbelastungen künftiger Generationen wie Mütterrente oder Rente mit 63 in Umfragen Zustimmungsquoten von über 70 %.

Entgegen der zu fast allen Zeiten eher skeptischen Einstellung in der Bevölkerung war die Soziale Marktwirtschaft als wertgebundene Wirtschaftsordnung ursächlich für den auch als »Wirtschaftswunder« bezeichneten wirtschaftlichen und politischen Wiederaufstieg Deutschlands nach dem Zweiten Weltkrieg. Ihr Durchbruch auf nationaler[134] und europäischer[135] Ebene ist darauf zurückzuführen, dass die Erhard'schen Reformen eine in der deutschen Geschichte bis dahin einmalige Erfolgsstory ausgelöst haben. Bei allen Rückschlägen, bei allen Irrungen und Wirrungen, die auch im Handeln von Regierungen und Unternehmen in den vergangenen 66 Jahren zu kritisieren sind, trotz der großen Herausforderungen im Zuge der Wiedervereinigung und der Finanzmarktkrise muss man, gerade auch im europäischen und internationalen Vergleich, feststellen: Deutschland ist heute eines der Länder mit dem höchsten Wohlstand, der höchsten Lebensqualität, den höchsten Sozialstandards und der geringsten Armutsquote auf der ganzen Welt. Damit soll in keiner Weise beschönigt werden, dass es auch bei uns nach wie vor Armut und Not gibt. Wenn es aber um die Frage geht, wie diesen Entwicklungen zu begegnen ist, welches die richtigen Rezepte sind, um unsere Gesellschaft immer ein Stück gerechter und sozialer zu machen, kommt es eben entscheidend darauf an, welche Wirtschaftsordnung dazu am besten in der Lage ist.

Nur drei Zahlen[136] sollen den Erfolg der Sozialen Marktwirtschaft verdeutlichen:

1. Das Bruttoinlandsprodukt (BIP) pro Kopf (also die Wirtschaftsleistung) betrug in jetzigen Preisen gerechnet 1950 5.150 € je Einwohner, 2008 waren es bereits knapp 30.000 € je Einwohner.

   Dahinter steht natürlich auch der enorme Erfolg deutscher Produkte im Außenhandel. Als Exportweltmeister in vielen Jahren konnte Deutschland seine Spitzenstellung auch gegenüber Ländern mit einer wesentlich höheren Einwohnerzahl erfolgreich behaupten. Das widerlegt übrigens auch die Thesen derer, die vor den Gefahren einer Verlagerung von Produktionsstätten ins Ausland warnen und für eine stärkere Abschottung plädieren. Die zunehmende Internationalisierung, auch von mittelständischen Unternehmen, sichert die Wertschöpfung und Arbeitsplätze gerade auch im Inland.

2. Die Löhne und die Kaufkraft sind enorm gestiegen, so betrug der durchschnittliche Bruttostundenlohn im Jahre 2008 das 24-Fache des Bruttolohns aus dem Jahr 1950. Musste ein Arbeitnehmer Ende der 1940er-Jahre noch eine Stunde und 13 Minuten für ein halbes Pfund Butter oder gar 20 Stunden für 500 g Kaffee schuften, so genügen aktuell etwa 5 bzw. 20 Minuten.

3. Generell hat die Soziale Marktwirtschaft in Verbindung mit dem medizinischen Fortschritt dazu geführt, dass die Menschen auch

mehr Zeit zum Leben haben. Die durchschnittliche Lebenserwartung ist bei Männern seit 1950 von 64,6 auf heute über 77 Jahre und bei Frauen von 68,5 auf heute über 82 Jahre gestiegen, die Wochenarbeitszeit von 48,2 auf heute ca. 38 Stunden gesunken und der Jahresurlaub hat sich von 12 Tagen auf knapp 31 Tage erhöht.

Auch bei der Einkommens- und Vermögensverteilung, der Verteilung von steuerlichen Lasten und hinsichtlich der Wirtschaftsstruktur steht Deutschland heute im internationalen Vergleich besser da als die meisten Länder auf der Welt. Die Binnendiskussion innerhalb Deutschlands, z. B. über die Feststellungen des zuletzt im März 2013 vorgelegten Armuts- und Reichtumsberichts der Bundesregierung, lenkt bisweilen von diesem Befund ab. Dabei soll ja gar nicht ausgeblendet werden, dass nach den – fachlich übrigens höchst umstrittenen – Zahlen dieses Berichts unter anderem folgende Entwicklungen eingetreten sind:

1. Die jährlichen Bruttodurchschnittseinkommen sind bis 2005 leicht gesunken und der Anteil der Niedriglöhne ist im selben Zeitraum leicht gestiegen.

2. Der Anteil am Gesamteinkommen, das von den 20 % der Bevölkerung mit dem niedrigsten Einkommen erreicht wurde, ist leicht gesunken, und der Anteil am Gesamteinkommen, das von den oberen 10 % der Einkommensbezieher erreicht wurde, ist leicht gestiegen.

3. Bei den Privatvermögen verfügen 50 Prozent der Haushalte in der unteren Hälfte nur über gut ein Prozent des gesamten Nettovermögens, während die vermögensstärksten zehn Prozent der Haushalte über die Hälfte des gesamten Nettovermögens auf sich vereinen.[137]

Übrigens hat sich diese Entwicklung nach den Reformen der »Agenda 2010«, entgegen den landläufigen Vorurteilen, eher abgeschwächt als verstärkt.

Aber was sagt das denn überhaupt über die Frage aus, ob Deutschland ein »sozialer Staat« im Sinne von Art. 20 Grundgesetz ist, und ob die Soziale Marktwirtschaft funktioniert oder nicht?

Zunächst einmal muss an dieser Stelle mit einem Missverständnis darüber aufgeräumt werden, was die Soziale Marktwirtschaft ist und was sie zu leisten vermag. Sie ist als »dritter Weg« zwischen Kapitalismus und Sozialismus gerade keine sozial verbrämte Umverteilungsmaschinerie, die dem alten Traum der Linken von der ökonomischen Gleichheit der Menschen eine moderne Gestalt gibt. Ich erinnere an das von Ludwig Erhard selbst formulierte Menschenbild, welches der Sozialen Marktwirtschaft zugrunde liegt:

»Ich will mich aus eigener Kraft bewähren, ich will das Risiko des Lebens selbst tragen, will für mein Schicksal selbst verantwortlich sein. Sorge du, Staat dafür, dass ich dazu in der Lage bin.«[138]

Hier wird der entscheidende Unterschied zu dem allumsorgenden Wohlfahrtsstaat deutlich, der die Einkommensverwendung so weit sozialisiert, bis die Kollektivierung der Lebensplanung und die Abhängigkeit von Transferleistungen aus dem mündigen Bürger den »sozialen Untertan« macht, wie Ludwig Erhard es formulierte.[139]

Am Ende dieser Entwicklung, so Erhard, stehe nicht nur der allmächtige Staat, sondern die Lähmung des wirtschaftlichen Fortschritts in Freiheit.[140]

Im Zusammenhang mit der Einführung der »dynamischen Rente«, dem berühmten Generationenvertrag von 1957, dem Erhard von Anfang an skeptisch gegenüberstand (wie wir heute wissen, zu

Recht), hat Erhard sein Verständnis vom sozialen Staat wie folgt formuliert:

»Soziale Sicherung ist nicht gleichbedeutend mit Sozialversicherung für alle (...). Am Anfang muss die eigene Verantwortung stehen, und erst dort, wo diese nicht ausreicht oder versagen muss, setzt die Verpflichtung des Staates und der Gemeinschaft ein.«[141]

Die Soziale Marktwirtschaft geht also von einem Menschenbild aus, welches dem selbstbestimmten, mündigen Bürger entspricht, der sein Schicksal selbst in die Hand nimmt. »Jeder ist seines Glückes Schmied,« das heißt also »Hilfe zur Selbsthilfe« statt staatlicher Alimentierung in allen Lebenslagen.

Diese Vorstellung von Sozialpolitik fußt auf der Erkenntnis, dass die Menschen eben nicht gleich, sondern im positiven Sinne verschieden sind, mit all ihren vielfältigen Begabungen, Anlagen und Lebensentwürfen. Es geht also um Chancengerechtigkeit am Start des Lebens, nicht um Gleichmacherei mit der Folge der unmündigen Abhängigkeit des sozialen Untertans.

Legt man diese Auslegung des »Sozialen« in der Marktwirtschaft zugrunde, so steht Deutschland hervorragend da:

- Der allgemeine Wohlstand hat sich – bei aller Differenzierung über seine Verteilung – bis heute stark vermehrt.

- 2013 war das Jahr, in dem in Deutschland so viele Menschen sozial versicherungspflichtig beschäftigt waren wie noch nie in der deutschen Geschichte, allein in Bayern fast fünf Millionen, eine Steigerung von fast 500.000 innerhalb von fünf Jahren.

- Die Arbeitslosigkeit steht auf einem absoluten Tiefstand, in vielen Teilen Deutschlands herrscht Vollbeschäftigung. Vor allem die Jugendarbeitslosigkeit ist so niedrig, wie in keinem anderen Land Europas. Und dies in einer Zeit, in der einige Länder Südeuropas eine Jugendarbeitslosigkeit zwischen 30 % und 60 % aufweisen, und man dort schon von einer »verlorenen Generation« spricht.

Dabei zeigt sich auch bei einer näheren Analyse, dass einige Trends, die vor wenigen Jahren noch Sorge gemacht haben, in die positive Richtung weisen[142]:

- Die Erwerbsbeteiligung älterer Menschen, also der 55- bis 64-Jährigen – steigt seit Jahren deutlich an.

- Die Zahl der Langzeitarbeitslosen hat sich seit 2005 fast halbiert.

- Die Zahl der sog. »Minijobber« stagniert. Sie betrug 2012 etwa 11 % aller Erwerbstätigen, wobei 40 % aller Minijobber Schüler, Studenten und Rentner waren.

- Der Anteil der Zeit- bzw. Leiharbeitnehmer liegt bei 2 % aller Erwerbstätigen, Tendenz sinkend. Viele Leiharbeitnehmer werden in unbefristete Arbeitsverhältnisse übernommen.

- In Deutschland leben derzeit etwa 1,3 Millionen Menschen, die zusätzlich zu ihrem Lohn auf Hartz-IV-Leistungen angewiesen sind. Das sind etwa 3 % aller Erwerbstätigen. Schaut man bei den sogenannten »Aufstockern« noch genauer hin, so ist eines besonders erfreulich: die Anzahl der Aufstocker, die vollzeitbeschäftigt sind, ist in den vergangenen beiden Jahren (2012/2013) stark gesunken, nämlich um 113.000 auf derzeit 218.000. Das sind weniger als 0,5 % aller Erwerbstätigen. Für Bayern sind die Zahlen im Ländervergleich nochmals wesentlich günstiger. Die Zahlen widerlegen zudem die Behauptung, es gebe zahlreiche Geschäftsmodelle, die auf der Aufstockungsregelung aufbauten, und der Staat subventioniere somit massenhaft Dumpinglöhne. Die bestehenden Gesetze versetzen die Bundesagentur für Arbeit übrigens in die Lage, solchen Geschäftsmodellen vor Auszahlung der Aufstockungsbeträge einen Riegel vorzuschieben.

Diese wenigen Zahlen mögen an dieser Stelle genügen. Was damit gesagt werden soll, ist dies: Die Prinzipien der Sozialen Marktwirtschaft funktionieren im Großen und Ganzen gerade in einem Bereich, der existenziell für die Menschen ist, auf dem Arbeitsmarkt. Bei allen notwendigen Diskussionen im Detail, über weiteren Flexibilisierungsbedarf, über Arbeitsbedingungen, über die Höhe von Löhnen, über Altersarmut und befristete Verträge, ist eines festzustellen:

Gerade bei der Beschäftigung wird deutlich, was Ludwig Erhard meinte, als er ausführte:

»Das berechtigte Verlangen, dem Individuum größere Sicherheit zu geben, kann m.E. nur dadurch erfüllt werden, dass wir über eine Mehrung des allgemeinen Wohlstandes jedem einzelnen das Gefühl seiner menschlichen Würde (...) vermitteln.«[143]

Es ist und bleibt die wichtigste Aufgabe der Politik, und es ist auch die zentrale Aufgabe jeglicher Wirtschaftsordnung, daran mitzuwirken und den Rahmen dafür zu setzen, dass die Menschen Arbeit haben und damit Selbstwertgefühl und Würde.

Dabei muss sich die Politik hüten, von den Prinzipien der Sozialen Marktwirtschaft abzuweichen, zum Beispiel dadurch, dass sie sich in die Festsetzung von Löhnen und Gehältern einmischt. Wie die vorgenannten Zahlen belegen, wird ein allgemeiner gesetzlicher Mindestlohn, wie er jetzt beschlossen worden ist, kein einziges Problem lösen, aber viele neue schaffen.

Ist er zu hoch, vernichtet er Arbeitsplätze, ist er zu niedrig, braucht man ihn nicht. Das belegen im Übrigen auch die Erfahrungen in den europäischen Ländern, wie Griechenland, Spanien und Frankreich, in denen es zwar gesetzliche Mindestlöhne gibt, aber zu wenig Arbeitsplätze. Vor Einführung der Arbeitsmarktreformen der Agenda 2010 galt Deutschland als »kranker Mann« Europas. Heute ist Deutschland nicht nur wegen dieser Reformen, aber eben auch deswegen die Wachstums- und Wohlstandslokomotive innerhalb Europas und mitverantwortlich für das immerhin zarte Wachstum in der EU.

In Anlehnung an Ludwig Erhard muss auch darauf hingewiesen werden, dass sich die Frage des »Sozialen« innerhalb der Sozialen Marktwirtschaft weder an der Anzahl noch an der Höhe der staatlichen Transferleistungen bemisst. Dass derjenige, der arbeiten kann, seinen Lebensunterhalt ganz oder zumindest teilweise selbst bestreitet, ist auch eine Frage seiner Würde. Zumal die Mittel aus dem sozialen Ausgleich dann für diejenigen in der Gesellschaft zur Verfügung stehen, die nicht arbeiten und sich eben nicht selbst helfen können. Den Hartz-IV-Reformen lag ja gerade der Gedanke einer aktivierenden Sozialhilfe zugrunde, d. h. also Anreize dafür zu schaffen, dass es attraktiver ist zu arbeiten, wenn man kann, als nicht zu arbeiten (→ Prinzip »Fördern und Fordern«). Es geht also letztlich darum, ob man durch falsche Weichenstellungen, wie z. B. gesetzliche Mindestlöhne oder andere Eingriffe in den Niedriglohnsektor die betroffenen Menschen in die 100-prozentige Alimentierung des Staates treibt, denn das wäre in den meisten Fällen die zwangsläufige Folge, oder ob man ihren Weg in eine auskömmliche Vollzeitbeschäftigung finanziell unterstützt. Sozialer Untertan des all umsorgenden Wohlfahrtsstaats oder selbstbestimmter Bürger in der Sozialen Marktwirtschaft – das sind hier die wahren Alternativen. Und dass dieser Weg nach marktwirtschaftlichen Prinzipien auch funktioniert, zeigen zwei Entwicklungen[144]:

- In den vergangenen Jahren haben rund 25 % der Beschäftigten in dem Niedriglohnbereich, das sind Arbeitnehmer mit einem Stundenlohn unter 9,15 €, innerhalb eines Jahres den Aufstieg in eine höher entlohnte Beschäftigung geschafft.

- Rund zwei Drittel der bereits erwähnten vollzeitbeschäftigten Aufstocker schaffen spätestens nach einem Jahr den Ausstieg aus dem sogenannten »Fürsorgebezug«.

Das bedeutet: die Soziale Marktwirtschaft funktioniert, auch ohne gesetzlichen Mindestlohn, dennoch ist gerade dieser – wie gesagt – höchst populär. Viele Menschen nehmen die Folgen in Kauf: Verlust von Arbeitsplätzen, Verteuerung von Waren und Dienstleistungen, Verdrängung ungeliebter Wettbewerber. Und die Regierung leugnet diese Folgen gar nicht, sondern verbrämt sie als angebliche soziale Großtat. Welche Prinzipien sie dabei auch immer leiten, auf die Soziale Marktwirtschaft kann sie sich nicht berufen. So war es schon ein besonders krasser Fall von Geschichtsklitterung, als der Hamburger Bürgermeister Olaf Scholz im Bundesrat die Verabschiedung des Mindestlohngesetzes ungeniert als »besonderen Tag in der Geschichte der Sozialen Marktwirtschaft« bezeichnet hat.[145]

Ähnlich verhält es sich mit der Mietpreisbremse. Wer hätte keine Sympathie für die vielen Mieter, die nunmehr durch diesen Eingriff des Gesetzgebers nicht mehr der angeblichen Willkür der Großstadtvermieter ausgesetzt sind? 71 % finden das in Umfragen gut. Man sieht, die Stimmungs-Mehrheiten für staatliche Eingriffe sind seit Ludwig Erhard unverändert.

Man lässt sich also gerne blenden, wenn der fürsorgende Staat die Preise zugunsten des Bürgers manipuliert. Die Kehrseite solcher Staatseingriffe in die Soziale Marktwirtschaft sind in Österreich und Spanien zu besichtigen. Die dort in den 1980er-/1990er-Jahren eingeführten Mietstoppregelungen führten zu Ausweichmechanismen:

für Mobiliar, wie z. B. für schrottreife Küchen wurden astronomisch hohe Ablösesummen verlangt, oder Wohnungen wurden massenhaft aus dem Mietmarkt genommen und standen bis zum Verkauf einfach leer.[146]

Für die Bestandsmieter mag das erst einmal schön sein, ihr Vermieter wird sie bei Laune halten wollen, denn er hat nichts davon, wenn er neu vermieten muss. Was aber ist mit den Wohnungssuchenden? Sie werden die Auswirkungen negativ zu spüren bekommen, zumal der Anreiz, neue Wohnungen zu bauen, tendenziell zurückgehen wird.[147]

Franz Böhm hat den Wettbewerb einst als das *»großartigste und genialste Entmachtungsinstrument der Geschichte«* bezeichnet.[148]

Die FAZ stellte im März 2014 zu Mindestlöhnen und Mietpreisbremse fest:

»Ludwig Erhard hat (1948, Anm. des Verf.) Preise freigegeben, um Wettbewerb zu ermöglichen, der Wohlstand für alle schafft. Schwarz-Rot fällt zurück in die Zeit der staatlichen Rationierung und Zwangsbewirtschaftung. Im Jahr 2014 wird die Uhr um 66 Jahre zurückgestellt.«[149]

Das in solchen Staatseingriffen zum Ausdruck kommende, völlig falsche Verständnis der Sozialen Marktwirtschaft war auf dem Höhepunkt der Finanz- und Wirtschaftskrise in den Jahren 2008/2009 insbesondere auch bei der Rettung von Unternehmen, die in finanzielle oder unternehmerische Schwierigkeiten geraten sind, zu besichtigen. Hier ist die Politik in den vergangenen fünf Jahren immer wieder in Versuchung gewesen, einem vermeintlich »sozialen« Helfersyndrom folgend, einzugreifen und selbst Unternehmer zu spielen. Dem liegt ein völlig falsches Verständnis von der Rollenverteilung zwischen Staat und Wirtschaft in der Sozialen Marktwirtschaft zugrunde. Der Staat darf dabei, so der »Fußballsachverständige« Ludwig Erhard, nur Schiedsrichter sein, aber selbst nicht mitspielen.[150] Und so erwächst aus der zerstörerischen Wirkung des Marktes auch zukunftsfähiges Neues. Veraltete Strukturen und Geschäftsmodelle gehen unter, um neuen, wettbewerbsfähigen Produkten Platz zu machen.

Rettet die Politik ein Unternehmen, obwohl dessen Produkte nicht mehr marktfähig sind, so verzerrt sie den Wettbewerb, das Kernstück der Sozialen Marktwirtschaft, indem sie sich unternehmerische Entscheidungen anmaßt und dafür auch noch Steuergeld in die Hand nimmt.

Im Gegenzug dazu hat die bayerische Wirtschaftspolitik unter liberaler Verantwortung in den vergangenen fünf Jahren nach klaren, ordnungspolitischen Prinzipien gehandelt, und wir waren damit, wie man an den Ergebnissen sehen kann, höchst erfolgreich.

Ist also die Soziale Marktwirtschaft mit ihrem Prinzip *»So viel Staat wie nötig, soviel Freiheit wie möglich«* noch tauglich für die Bewältigung der Herausforderungen von heute und morgen?

Hier einige Beispiele dafür, wo wir die Prinzipien der Sozialen Marktwirtschaft künftig wieder stärker beachten müssen, um wirklich erfolgreich zu sein.

1. Beim schwierigen Thema »Altersversorgung« steht Deutschland im internationalen Vergleich nicht schlecht da, allerdings könnten wir noch viel besser dastehen, wenn man die notwendigen Reformen rechtzeitig eingeleitet hätte.
   Hier hat die Politik viel zu spät auf die demografische Entwicklung reagiert und unterliegt bis heute der verhängnisvollen Versuchung, den Beitragszahlern immer mehr versicherungsfremde Leistungen aufzubürden, welche eigentlich durch die Allgemeinheit der Steuerzahler aufzubringen wären.
   Der Einstieg in die Kapitaldeckung ist ebenso unausweichlich

wie flexiblere Formen des Renteneintritts, welche Rücksicht auf neue Erwerbsbiografien und die Möglichkeit von Lebensarbeitszeitkonten nehmen. Weder die starren Regelungen der Rente mit 67 noch die jüngsten Beschlüsse der neuen Bundesregierung sind geeignet, unser Rentensystem dauerhaft zukunftssicher zu machen. Schlimmer noch: um schön klingende Versprechen wie »Mütterrente« oder Rente mit 63 zu finanzieren, werden den Beitragszahlern nicht nur ihnen bereits zugesagte Beitragssenkungen genommen, sondern den kommenden Generationen auch noch weitere Belastungen in Höhe von insgesamt 160 Milliarden € aufgebürdet.[151] Mit den Gedanken der Beitragsgerechtigkeit und der Generationengerechtigkeit hat das gar nichts mehr zu tun.
Übrigens schadet diese Politik auch der deutschen Position in Europa, wo wir von anderen Ländern – zu Recht – eine Anhebung des Renteneintrittsalters und die Senkung konsumtiver Ausgaben verlangen. Es ist wenig glaubwürdig, wenn wir im Inland das genaue Gegenteil tun.

2. Das deutsche Steuersystem ist wohl das schlimmste Beispiel dafür, was passiert, wenn die Prinzipien der Sozialen Marktwirtschaft dauerhaft missachtet werden. Zu Beginn bestand hier durchaus noch Übereinstimmung, denn der soziale Ausgleich sollte nach den Vorstellungen von Rüstow und Röpke über ein progressives Steuersystem – »Besteuerung nach der Leistungsfähigkeit«[152] – erfolgen. Und betrachtet man den Ist-Zustand, dann führt das bestehende Einkommensteuersystem ja auch zu einer erheblichen Umverteilung. Die oberen 20 Prozent der Steuerpflichtigen an der Spitze der Einkünftepyramide erwirtschaften derzeit 70 % des Gesamtaufkommens. Bei den oberen 5 % sind es immerhin schon über 40 %. Blickt man hingegen auf den unteren Teil der Einkünftepyramide, so zeigt sich, dass bereits ein Drittel der Personen mit dem niedrigsten Markteinkommen durchschnittlich 900 Euro mehr vom Staat an Transferleistungen erhalten, als sie an Steuern und Abgaben bezahlen.

Die in weiten Kreisen der Bevölkerung vorherrschende Auffassung, wonach das Steuersystem die geringeren Einkommen benachteilige und die sogenannten Reichen bevorzuge, hat mit der Realität wenig zu tun. Vielmehr leidet das Steuersystem seit Jahrzehnten vor allem unter dem verhängnisvollen Hang der Politik, unter Verstoß gegen alle Prinzipien der Sozialen Marktwirtschaft mit der Steuerpolitik Ziele der Einzelfallgerechtigkeit und der gesellschafts- und wirtschaftspolitischen Steuerung zu verfolgen. Dies hat zu einer textlichen und inhaltlichen Ausuferung des deutschen Steuerrechts geführt, die weltweit einmalig ist. Es spricht Bände, dass einzelne Bestimmungen des Einkommensteuergesetzes (EStG), namentlich der berühmt-berüchtigte § 2a EStG betreffend die sogenannten »negativen Einkünfte mit Bezug zu Drittstaaten« durch die anhaltende Kunst des Gesetzgebers so kompliziert geworden sind, dass selbst international renommierte Professoren des Steuerrechts an ihrer verbindlichen Auslegung gescheitert sind.
Alle Versuche, hier im System selbst zu Reformen zu kommen, haben zwar zur einen oder anderen Vereinfachung geführt, aber zu keiner durchgreifenden Änderung. Mein Vorschlag wäre, hier in zwei Stufen vorzugehen:

- Umgehende Beseitigung der sog. »Kalten Progression«, weil sie eindeutig leistungsfeindlich ist und vor allem untere und mittlere Einkommen unverhältnismäßig belastet. Es ist ein Armutszeugnis, dass die neue Bundesregierung hier nichts unternimmt, obwohl die Mittel dafür in der alten Haushaltsplanung des Bundes bereit stehen und der Fiskus allein in der laufenden Legislaturperiode mit Mehreinnahmen von 100 Milliarden Euro rechnen kann.

- Einführung eines Bundessteuergesetzbuchs nach dem Vorschlag von Prof. Paul Kirchhof[153], wodurch von mehr als 33.000 Steuerparagrafen nur 146 übrig bleiben würden. Die

Abschaffung nahezu aller Ausnahmetatbestände und die Einführung von einheitlichen Steuersätzen bei Einkommen-, Umsatz- und Erbschaftsteuer sind nach meiner Überzeugung der einzig gangbare Weg zu einem Steuerrecht, welches den Prinzipien der Sozialen Marktwirtschaft entspricht und sich endlich von dem Irrglauben verabschiedet, das Steuerrecht sei dazu da, alle gesellschaftlichen und politischen Probleme zu lösen.

3. Die Energiepolitik ist drauf und dran, den Irrwegen der Steuerpolitik nachzueifern. Planwirtschaft, soweit das Auge reicht. Das beginnt schon mit der Anmaßung der Politik, bestimmte Energieerzeugungsarten, wie z. B. die Kernenergie aus dem Markt zu verbannen, und endet bei der milliardenschweren Dauersubventionierung wenig innovativer erneuerbarer Energien, wie der Photovoltaik. Es war ein schwerer Fehler, vor drei Jahren, unter dem Eindruck der Fernsehbilder von der Tsunami-Katastrophe in Fukushima, alle Prinzipien der wirtschaftlichen Vernunft beiseite zu schieben und in einer kollektiven Panikreaktion ein überhastetes Energiewende-Paket zu beschließen. Heute wissen wir: So wird und kann eine Energiewende nicht funktionieren. Selbst bei diesem hochemotionalen und komplexen Thema gilt: Es rächt sich, wenn man die Mechanismen der Sozialen Marktwirtschaft dauerhaft außer Kraft setzt. Der rasante Anstieg der Strompreise für Verbraucher und von der EEG-Umlage nicht befreite Betriebe, wachsende Widerstände gegen neue Stromtrassen und neue Anlagen und eine schleichende Abwanderung von Arbeitsplätzen sind die Folgen.
Natürlich kann man das Rad hier nicht einfach zurückdrehen. Es ist zwar spät, jedoch noch nicht zu spät, die Energiewende Schritt für Schritt auf eine marktwirtschaftliche und zugleich europataugliche Grundlage zu stellen. Ich nenne hier nur beispielhaft: Aussetzung des EEG (Erneuerbare-Energien-Gesetzes), Umstellung des laufenden Fördersystems auf ein progressives Quoten-

modell, Ausschreibung von Versorgungssicherungsverträgen im Rahmen eines Kapazitätsmechanismus, Beteiligung der Bestandsanlagen mit stark schwankender Stromerzeugung an dessen Finanzierung, steuerliche Förderung der energetischen Gebäudesanierung und Senkung der Stromsteuer als Teilausgleich für die steigenden EEG-Umlagen.[154]

4. Die Finanzmarktkrise und die aus ihr folgende Weltwirtschaftskrise haben eines deutlich gemacht: Die Abhängigkeit voneinander ist in einer globalisierten Wirtschaft inzwischen so groß, dass Spielregeln auf nationaler, selbst auf europäischer Ebene längst nicht mehr ausreichen. Dieser Irrglaube, man könne hier weiterhin nebeneinanderher leben, ist eine der Ursachen für die Krise. Es wäre aber ganz falsch, die Krise auf ein Scheitern der Sozialen Marktwirtschaft zurückzuführen, wie dies leider viele Mitbürger tun. Die Kommission »Zukunft Soziale Marktwirtschaft« der Bayerischen Staatsregierung hat dazu 2009 in großer Klarheit und Übereinstimmung aller Kommissionsmitglieder festgestellt:
»Nicht die Soziale Marktwirtschaft ist in der Krise. Die Krise geht auf das Fehlverhalten einer ganzen Reihe von Systemakteuren zurück. Sie haben sich nicht an die Spielregeln des Systems (der Sozialen Marktwirtschaft) gehalten.«[155]
»Im Mittelpunkt des Versagens steht ein Finanzsystem, in dem Haftung und Risikobewusstsein minimiert wurden.«[156]
Dem ist nur noch hinzuzufügen, dass auch massives Versagen staatlicher Institutionen, wie zum Beispiel der Banken – und Finanzmarktaufsicht, und eine falsch verstandene Deregulierung in den USA wesentlich zum Zusammenbruch der Finanzmärkte beigetragen haben. Die Wahrheit ist: eine Mischung aus Staats- und Marktversagen, die unterschiedlichen Kulturen und Handlungsweisen diesseits und jenseits des Atlantiks haben diese Krise verursacht.
Hier müssen die Lehren erst noch vollständig gezogen werden, und zwar nach den Prinzipien der Sozialen Marktwirtschaft. Es

muss gelingen, eine internationale Finanzmarktarchitektur zu entwickeln, welche alle Märkte und alle Akteure in die Regulierung einbezieht, weltweit gleiche Maßstäbe für Transparenz und Eigenkapitalunterlegung durchsetzt und auch dafür sorgt, dass Handlung und Haftung wieder besser in Einklang gebracht werden.
»Too big to fail« darf nie wieder zur Richtschnur von Notmaßnahmen zur Rettung von Banken werden. Stattdessen müssen weltweit Maßnahmen zur Sicherung des Finanzwesens umgesetzt werden, die ein geordnetes Scheitern und auch eine Abwicklung von Banken ermöglichen, ohne dass die Allgemeinheit, also die Steuerzahler, dafür aufkommen muss.
Leider ist festzustellen, dass die USA und Großbritannien in wesentlichen Punkten (Eigenkapitalanforderungen, Transparenz und Haftung) immer noch nicht zu einheitlichen Standards bereit sind.

5. Auch in der Schuldenkrise innerhalb der Europäischen Währungsunion weist die Soziale Marktwirtschaft den Weg zur Besserung. Schuldenabbau, keine Hilfe ohne Gegenleistung und Reformen, weniger Staat und mehr Eigeninitiative – das alles sind keine bequemen, aber unausweichliche Schritte, die viele unserer Nachbarn noch gehen müssen, wenn Europa und der Euro nicht auseinanderbrechen sollen. Auch hier gilt: Nicht die Soziale Marktwirtschaft hat Europa in diese Situation gebracht, sondern die nachhaltigen, zum Teil vorsätzlichen Verstöße gegen die Prinzipien der Sozialen Marktwirtschaft, zu denen insbesondere auch die Stabilität der Währung gehört. Unter der bezeichnenden Überschrift »*Gute Sozialpolitik erfordert Währungsstabilität*«[157] sagt Ludwig Erhard dazu:
»Es ist ein grandioser Irrtum, wenn ein Volk oder ein Staat glaubt, eine inflationistische Politik einleiten und betreiben, sich aber gleichzeitig gegen deren Folgen absichern zu können. Dies kommt dem Versuch gleich, sich an den eigenen Haaren hochheben zu wollen.«[158]

Das sind geradezu prophetische Worte, wobei Erhard sich sicher nicht vorstellen konnte, dass eine solche Entwicklung auch noch innerhalb ein und desselben Währungsgebiets mehrerer Staaten eintreten könnte.
Auch hier gilt: Es ist die Soziale Marktwirtschaft, die den sehr beschwerlichen, dornigen und risikoreichen, aber einzig gangbaren Weg aus der Krise in Europa weist. Dabei muss bei den Fragen der Bankenunion und der Ausgestaltung der Hilfsmaßnahmen dringend darauf geachtet werden, dass weder direkt noch durch die Hintertür eine Vergemeinschaftung der Schulden erfolgt und damit die Haftung und Verantwortung der einzelnen Staaten aufgegeben wird. Leider ist es dem liberalen Teil der letzten Bundesregierung nicht gelungen, diese Politik der begrenzten Rettung auf ein klares ordnungspolitisches Fundament zu stellen. Dazu hat auch beigetragen, dass man rechtlich höchst zweifelhafte Maßnahmen, wie die Politik unbegrenzter Anleiheankäufe der EZB (m.E. ein glatter Verstoß gegen die EU-Verträge) oder die fehlende demokratische Kontrolle der Rettungsschirme zunächst mitgetragen hat.
Im letzteren Fall musste erst das Bundesverfassungsgericht für eine Nachbesserung sorgen.

6. Noch ein Wort zur »Internationalisierung« der Sozialen Marktwirtschaft. Die Vordenker und Begründer der Sozialen Marktwirtschaft haben natürlich zuallererst von der besonderen deutschen Situation aus gedacht. Es ging darum, wie Bundespräsident Gauck es formuliert hat, »die Deutschen mit Marktwirtschaft und Wettbewerb zu befreunden.«[159]
Aber sie haben von Anfang an auch international gedacht und geforscht, insbesondere die Emigranten unter ihnen.
Dieser Aspekt des weltweiten Verständnisses einer wertgebundenen Wirtschafts- und Gesellschaftsordnung gewinnt nicht nur vor dem Hintergrund von Finanzmarkt-, Währungs- und Schuldenkrisen an Bedeutung, sondern auch angesichts der Transfor-

mationsprozesse in wirtschaftlich starken, aber demokratisch noch rückständigen Gesellschaften. So ist China heute ein Land, welches wirtschaftlich viel stärker nach einem »laissez faire«-Kapitalismus alter Prägung ausgerichtet ist als Europa und sogar weit stärker als die USA. In den Sozialversicherungssystemen, bei der Gesundheitsversorgung und beim Umweltschutz sucht China einen Weg, den wachsenden Wohlstand der Bevölkerung mit modernen Standards zu verbinden. Gleichzeitig wird der Wunsch der Bevölkerung nach politischer Partizipation und gesellschaftlicher Freiheit immer drängender, ohne dass das bestehende autokratische Machtsystem bisher eine angemessene Antwort darauf gefunden hat. Für ein solches Land im Umbruch kann die Soziale Marktwirtschaft, die ja schon immer mehr war als eine reine Wirtschaftsordnung, genauso den Weg in eine demokratischere und sozialere Zukunft weisen, wie dies für Europa nach dem Zweiten Weltkrieg gelungen ist.

Es bleiben zum Schluss noch zwei Fragen:

1. Wem gehört die Soziale Marktwirtschaft heute?

2. Wie kann die Soziale Marktwirtschaft im Bewusstsein der Bevölkerung als Vision für die Zukunft verankert werden?

Zu 1.) Bisweilen wird gefragt, wem die Soziale Marktwirtschaft heute gehört. Das Handelsblatt hat im Februar 2014 schon die Frage aufgeworfen: *»Sind die Linken die besseren Wirtschaftsversteher?«*[160] Und tatsächlich schickt sich die Ex-Kommunistin und Vordenkerin der Linken, Sahra Wagenknecht, an, Erhards »Wohlstand für Alle« für sich zu beanspruchen. Bundeswirtschaftsminister Gabriel will sich laut »Spiegel« als »roter Erhard« profilieren.[161] Der Ministerpräsident von Baden-Württemberg, Winfried Kretschmann bietet seine Partei laut »Welt am Sonntag« als neue Heimat für Liberale an und plädiert für eine Renaissance des Ordoliberalismus.[162]

Woher kommt diese Wandlung?

Nach dem vorübergehenden parlamentarischen Aus der FDP fehlt auf Bundesebene eine politische Kraft, um die Gedanken der Sozialen Marktwirtschaft politisch und vor allem parlamentarisch zu vertreten und zu verteidigen.

Die Union, die sich selbst zu Unrecht als Partei Ludwig Erhards bezeichnet[163], hat ihren Reformeifer, der noch im letzten Jahrzehnt charakteristisch war, längst aufgegeben.
Auch der marktwirtschaftliche Flügel, auf den die Partei einst sehr stolz war, ist inzwischen auf eine – im praktischen Regierungshandeln der Union – meist vernachlässigbare Restgröße zusammengeschrumpft. Dieses Vakuum wird nun offenbar von anderen Gruppierungen ausgefüllt. Warum bekennen sich ausgerechnet Linke, wie Wagenknecht, und Grüne, wie Kretschmann, zum Ordoliberalismus? Es ist eben eine Marktlücke, die sie entdeckt haben und nun scheinbar erfolgreich nutzen.
Dass es in den Programmen der »Linken« und der »Grünen« nur so von planwirtschaftlichen Elementen wimmelt, und vielfach genau das Gegenteil von Sozialer Marktwirtschaft gefordert wird, wird dabei ausgeblendet.

Es ist deshalb dringend notwendig, Grundlagen und Prinzipien der Sozialen Marktwirtschaft immer wieder deutlich zu machen und sie nicht der Beliebigkeit von politischen Erbschleichern preiszugeben. Als Bannerträger der Sozialen Marktwirtschaft kommen nach wie vor einzig und allein die Liberalen in Betracht. Nur wenn sie diese Aufgabe wieder entschlossen, mutig und mit einer jedermann verständlichen Sprache wahrnehmen, so wie dies Thomas Dehler zeitlebens getan hat, werden sie aus der Sicht ihrer potenziellen Wähler auch wieder gebraucht.

Zu 2.) Die skeptische Einstellung vieler Bürgerinnen und Bürger zur Sozialen Marktwirtschaft hat sich gerade in der zurückliegenden Wirtschafts- und Finanzmarktkrise nochmals verstärkt. Auch die Globalisierung löst hierzulande immer noch mehr Ängste aus als Lust auf neue Chancen.

Der Ruf nach »Vater Staat,« der einen vor dem Unbill des Schicksals und vor dem »bösen« Wettbewerb der Weltmärkte schützt, ist lauter denn je. Dabei wird völlig ignoriert, dass sich die Soziale Marktwirtschaft gerade in der zurückliegenden Krise als das stabilste System innerhalb der Industriestaaten erwiesen hat. Kaum ein Land hat sich so schnell von der Krise erholt und zurück auf den Wachstumspfad gefunden wie Deutschland.

Man kann es auch so ausdrücken:

Nach dem Scheitern des planwirtschaftlichen Experiments des Sozialismus Ende der 1980er-Jahre hat die Finanzmarktkrise vor fünf Jahren die Perversion eines schranken- und verantwortungslosen Kapitalismus gezeigt. Ungezähmte Gier und egoistische Rücksichtslosigkeit, wie sie bisweilen an den Finanzmärkten anzutreffen waren, haben mit der Grundidee der Sozialen Marktwirtschaft, mit den Prinzipien von Freiheit und Verantwortung, nichts gemein. Die Soziale Marktwirtschaft lebt von einer Kultur der Mäßigung und von einer nachhaltigen Ausrichtung.

Nach der Krise haben viele Staaten Elemente der Sozialen Marktwirtschaft adaptiert, so etwa die Tarifpartnerschaft. Auch das Bekenntnis zum Mittelstand und zur Industrie als Pfeiler der Sozialen Marktwirtschaft wird von vielen anderen Staaten heute gerne übernommen. Manche sprachen in der Krise gar von einer »industriellen Renaissance«. Es sind gerade die mittelständischen und familiengeführten Unternehmen, die die Prinzipien der Sozialen Marktwirtschaft täglich vorleben, die Verantwortung für ihre Mitarbeiter, ihre Region und die Zukunft des Landes übernehmen. Zugleich behaupten sie sich, oftmals als Marktführer oder »hidden champions« in ihrem Segment erfolgreich auf den globalen Märkten. Auch die großen wirtschaftspolitischen Herausforderungen, wie der Abbau der enormen Staatsverschuldung, die Gestaltung gesellschaftlicher Veränderungen, wie z.B. des demografischen Wandels, der Schutz der Umwelt sowie Rahmenbedingungen für die digitale Revolution lassen sich nur nach den Prinzipien der Sozialen Marktwirtschaft bewältigen, wenn Demokratie und Wohlstand, Freiheit und sozialer Ausgleich im Gleichgewicht bleiben sollen.

Dabei müssen und werden jedoch – Beispiel: Internet – zunehmend internationale Vereinbarungen über gemeinsame Standards und Marktbedingungen nationale und europäische Regelungen ersetzen. Die Zeiten nationaler Hoheit über Märkte gehören in Zeiten globalisierter Handels- und Finanzmärkte endgültig der Vergangenheit an. Es ist deshalb völlig falsch, Ängste vor internationalen Handelsabkommen, wie z. B. dem Freihandelsabkommen zwischen den USA und der EU, zu schüren. Richtig ist, die eigenen Interessen zu formulieren, zum Beispiel mehr Transparenz und Datenschutz, und dann in einem solchen Abkommen bestmöglich durchzusetzen.

Was aber können wir tun, um die Soziale Marktwirtschaft in Deutschland wieder positiver im Bewusstsein der Bevölkerung zu verankern? Zunächst ist es dringend notwendig, einmal grundsätzlich die Chancengerechtigkeit der Sozialen Marktwirtschaft der angeblichen Verteilungsgerechtigkeit planwirtschaftlichen Denkens gegenüberzustellen. Darin spiegelt sich die Frage wieder, wie die Soziale Marktwirtschaft in den Augen der Bürger denn ihr Versprechen erfüllen kann, dass jeder sich nach oben arbeiten kann, dass jedem alle Wege offenstehen. Die Antwort darauf liegt zum einen in der Steigerung der Ausgaben für Bildung und Ausbildung, in der Konzentration der Bildungsfinanzierung auf den Start des Lebens, also kostenfreie Kinderbetreuungseinrichtungen mit Bildungsangeboten, Besserstellung der dualen Ausbildung – alles Punkte, welche die FDP in Bayern bereits durchgesetzt oder eingeleitet hatte, und die nunmehr teilweise zurückgedreht werden.

Zum anderen brauchen wir eine Kultur der Selbstständigkeit und der »Zweiten Chance.« Noch immer weist Deutschland im internationalen Vergleich eine sehr geringe Gründerquote auf, gerade auch in dem wichtigen IT-Bereich. Und noch immer wird unternehmerisches Scheitern gesellschaftlich und teilweise auch rechtlich gebrandmarkt, statt den Mut zu einem Neuanfang zu fördern.

Und wir müssen uns – gerade als Liberale – beteiligen an einer spannenden Diskussion über einen zeitgemäßen Wachstumsbegriff und eine verschärfte Kritik an der Vermögensverteilung im Kapitalismus. Thomas Piketty, der als »Rockstar« der Ökonomie bezeichnete französische Wirtschaftswissenschaftler, hat mit seinem Buch »Kapital im 21. Jahrhundert«[164] eine lebhafte Debatte über die Frage ausgelöst, ob und wie eine marktwirtschaftliche Wirtschaftsordnung überhaupt in der Lage ist, den Wohlstand für alle zu erhöhen, statt die Einkommens- und Vermögensverteilung zugunsten weniger zu zementieren.

An diesen Themen mussen wir gemeinsam arbeiten, um die Soziale Marktwirtschaft auch bei uns wieder als Vision für die Zukunft zu vermitteln. Ein Bezug auf Ludwig Erhard, der heute vielen Menschen leider nichts mehr sagt, und die Väter der Sozialen Marktwirtschaft wird dabei nicht ausreichen. Die Zukunft der Sozialen Marktwirtschaft hängt davon ab, ob es uns gelingt, den Menschen ihre Ängste vor den Phänomenen und Auswirkungen der Globalisierung zu nehmen und ihnen die enormen Chancen offener Märkte und die schöpferische Kraft des Wettbewerbs zu vermitteln.

Es ist wahr: Im internationalen Vergleich, aber auch in Anbetracht unserer eigenen Geschichte und der Ergebnisse von bald 66 Jahren Sozialer Marktwirtschaft, ist Deutschland heute ein besseres, ein sozialeres Land. Dieser Prozess ist aber dynamisch und muss immer wieder aufs Neue gestaltet und austariert werden, Wettbewerbspositionen müssen immer wieder errungen und verteidigt werden. Wenn wir uns auf diese Grundlagen unseres Erfolgs besinnen und uns den Mut zu Veränderungen und zu Neuem bewahren, dann bleibt die Soziale Marktwirtschaft mit den Worten von Walter Eucken *»eine Wirtschafts- und Sozialordnung, die wirtschaftliche Leistung und menschenwürdige Daseinsbedingungen gleichermaßen gewährleistet.«*[165]

Und deshalb lautet die Antwort auf die Frage meines Themas:

Die Marktwirtschaft ist kein Auslaufmodell, sie ist vielmehr eine Vision für die Zukunft, weit über unser Land hinaus. Sie kann und wird es in noch größerem Maße sein, wenn wir ihre Prinzipien ernst nehmen und mit Mut und Voraussicht danach handeln. Um es mit Thomas Dehler zu sagen: *»Es gibt als organische, als lebendige, als schöpferische Wirtschaft nur die liberale Wirtschaft, und nur sie ist in der Lage, höchste soziale Leistung zu erringen.«*[166]

Zum Schluss (Luise Gräfin v. Schlippenbach)

Soweit nun zur Bedeutung und Interpretation der Lehre Ludwig Erhards in der Gegenwart! Aber auch seine Warnung vor den dramatischen Folgen für Volkswirtschaft und Bürger eines fortschreitenden Kollektivismus.

Trotz markanter Beispiele, wie die durch falsche Wirtschafts- und Sozialpolitik verursachten Zusammenbrüche der russischen Föderation, der DDR und vieler anderer, hoffen die Menschen immer wieder – solange die Welt besteht – dass das »süße Gift der linken Illusion« gegen alle Ratio doch der »heilende Balsam« sein könne zu mehr Menschlichkeit, weniger Arbeitsbelastung, weniger Kapitalmarkt, Verzicht auf Stress und Sparen, damit die »Wirtschaft den Menschen diene und nicht der Mensch der Wirtschaft«. Gerechtigkeit, »Einer für Alle, Alle für einen«, die »Solidar-Gemeinschaft«, und alles das, ermöglicht durch einen starken Vater Staat. Doch immer war das Ende:

Schulden, Zusammenbruch der Volkswirtschaft, Fiasko. Unbezahlbar: Der Versorgungs-Staat. Doch sehr wohl bezahlbar der christlich-humane Sozialstaat mit seinen von Adenauer und Erhard gesetzten Grenzen.

Müssen aber nicht alle Appelle an die Vernunft scheitern?

Oder gibt es doch noch ein Erwachen, den Willen, umzudenken? Auch und ganz besonders für unsere Kinder und Enkel in der Verantwortung für nächste Generationen, für mehr Generationengerechtigkeit in Europa und – wie Erhard hoffte – in der gesamten westlichen Welt?

Wieder eine Illusion oder ist Erhard ein Visionär?

Die Autoren

Günter Ederer

Journalist, Filmproduzent und Buchautor

1941 in Fulda geboren

Günter Ederer ist ein Journalist aus Leidenschaft. Für ihn stand schon in der Schule fest, dass er Journalist werden wollte. Nach seinen Lehrjahren bei Tages- und Wochenzeitungen fand er früh den Weg zum Fernsehen.

Zuerst drei Jahre beim Südwestfunk Baden-Baden, dann ab 1969 beim ZDF, wo er ab 1971 die renommierte Wirtschaftssendung «Bilanz" mitgestaltete. Von 1984 an berichtete er als Fernostkorrespondent des ZDF sechs Jahre aus Tokyo über die Umbrüche in Asien.

1990 hat sich Günter Ederer gemeinsam mit seiner Frau Anke selbstständig gemacht. Als Filmproduzent und Wirtschaftspublizist hat er mittlerweile in 62 Ländern Filme produziert.

Gottfried Heller

Gottfried Heller, geboren am 4. Februar 1935, teilt mit Ludwig Erhard nicht nur den Geburtstag, sondern auch sein Credo.

Er begann 1971 als Mitbegründer der unabhängigen Vermögensverwaltung FIDUKA – zusammen mit Börsenlegende André Kostolany – seine erfolgreiche Karriere als Vermögensverwalter und Fondsmanager. 1974 startete der gebürtige Schwabe die »Kostolany Börsenseminare«, die ersten ihrer Art in Deutschland.

Zuvor war er nach Abschluss eines Ingenieurstudiums zehn Jahre als Unternehmensberater in Deutschland und in den USA tätig.

In seinem Buch »Die Wohlstandsrevolution« (1992, ECON Verlag) hat er frühzeitig den wirtschaftlichen Aufstieg der Schwellenländer und deren wachsenden Wohlstand vorhergesagt.

Seit über 15 Jahren ist er Finanzkolumnist für »Die Welt« und »Börse Online«. Er gilt heute als einer der besten Kenner der internationalen Finanzmärkte.

In 2007 wurde er vom »Elite Report« als einer der »erfahrensten Vermögensverwalter« mit der Goldenen Pyramide ausgezeichnet.

Sein neues Buch »Der einfache Weg zum Wohlstand« (2012, FinanzBuchVerlag) wurde für den Finanzbuchpreis 2013 nominiert. Inzwischen erschien es bereits in 4. Auflage. Es ist ein Lehrbuch der Geldanlage und Altersvorsorge. Es bietet dem Leser beim derzeitigen Anlagenotstand leicht umsetzbare Lösungen für risikominimierte, rentable Geldanlagen.

Dr. Ulrich Horstmann

Dipl.-Kfm.

1960 geb. in Essen, Vater Jurist (Leiter eines Finanzamts)

1980 Abitur und Wehrdienst (bis 1981).

1981 (bis 1987) Studium an der Ruhr-Universität Bochum (Wirtschaftswissenschaften, Grundstudium) und an der Universität Trier (Betriebswirtschaftslehre, Hauptstudium).

1988 (bis 1989) Tätigkeit in der Führungszentrale der Fa. Tengelmann in Mülheim a. d. Ruhr

1989 (bis 1992) Doktoratsstudium an der Wirtschaftsuniversität Wien und Tätigkeit als Wertpapieranalyst

1992 (bis 1994) Wertpapieranalyst WestCapital, Düsseldorf

1994 (bis heute) Wertpapieranalyst in München, Buchveröffentlichungen (alle erschienen im Finanzbuchverlag, München):

Die Währungsreform kommt (2011)
Womit wir morgen zahlen werden (2012)
Die geheime Macht der Ratingagenturen (2013)
Alles, was Sie über »Das Kapital im 21. Jahrhundert« von Thomas Piketty wissen müssen (2014)
Zurück zur Sozialen Marktwirtschaft (2014)

Prof. Dr. Gerald Mann

1968 geb. in München, Vater Ingenieur, Mutter Hausfrau

1990 Bankkaufmann

1990-91 erste berufliche Tätigkeit im Bankgeschäft im Zuge der dt.-dt. Währungsunion in Dresden

1993 staatl. gepr. Fremdsprachenkorrespondent

1995 Dipl. sc. pol. Univ. (Hochschule für Politik, München)

1996 Dipl.-Volkswirt (Ludwig-Maximilians-Universität München)

1996-99 Unternehmensanalyst einer deutschen Großbank

1999-2002 Geschäftsführer und beratende Tätigkeit im Verlagswesen

2002-06 freiberuflicher Dozent für Ökonomie an Akademien und Hochschulen

2003 Abschluss Zusatzstudium Erwachsenenpädagogik (Hochschule für Philosophie, München)

2006 Promotion über transatlantische Handelspolitik (Universität der Bundeswehr, München)

2006 Berufung zum Professor für Volkswirtschaftslehre an der FOM Hochschule für Oekonomie und Management

Mitgliedschaften: Verein für Socialpolitik, Gesellschaft zur Förderung von Wirtschaftswissenschaften und Ethik (GWE), Hayek-Gesellschaft, List-Gesellschaft.

Dr. Luise Gräfin v. Schlippenbach

Dipl.-Kfm.

1922 geb. in Westfalen, Luise Butenuth, Vater Arzt

1944 Diplom-Kfm.

1945 Dr. rer. pol.

1946 Referentin im »Verwaltungs-Amt für Wirtschaft«, Vorläufer des Bundeswirtschaftsministeriums, in Minden/Westfalen Leiterin der »Preis-Meldestelle«

1948 Pressereferentin bei Ludwig Erhard

1950 Heirat in Bonn

1950 Wirtschaftsjournalistin beim Bonner Parlament

1955 Freie Wirtschafts-Journalistin, Köln

1966 Prokuristin der Konzernleitung des »Agrippina-Versicherungs-Konzerns«, Köln, Leiterin der Stabs-Abteilung »Informations-Zentrum (PR und Werbung)«

2005 »Im Wandel stets dabei«, Eine Zeitzeugin erinnert sich, Allitera-Verlag, München

Roland Tichy

Geburtstag 11.11.1955

Ausbildung: Studium der Volkswirtschaft, Politologie und Kommunikationswissenschaft in München; Diplom Volkswirt, Deutsche Journalistenschule

Berufsweg: Planungsstab Bundeskanzleramt; Bonner Korrespondent; Wirtschaftswoche; Stv. Rundfunkbeaufragter der Neuen Länder; Stv. Chefredakteur Capital; Chefredakteur impulse; Geschäftsführer/Inhaber Wirtschaftsboulevard; Chefredakteur Telebörse; Chefredakteur Euro; Chefkolumnist Handelsblatt; Stellvertretender Chefredakteur und Leiter des Hauptstadtbüros Handelsblatt; Chefredakteur WirtschaftsWoche; im Juni 2014 wurde Roland Tichy zum Vorsitzenden der Ludwig-Erhard-Stiftung gewählt.

Stephan Werhahn, Ph. D., M. Sc.

Geb. 1953 in Neuss am Rhein als Sohn der Eheleute Hermann-Josef Werhahn und Lisbet Werhahn, geb. Adenauer, 4 Kinder, 2 Enkelkinder,

Studien an den Universitäten Barcelona, Bonn, Genf, Göttingen und Washington DC.

Studium der Rechtswissenschaften, Volks- und Betriebswirtschaft, Anwalt

Unternehmer und Vorstand u. a. bei Bosch, Siemens, GSW, Conti u.a.

heute Partner der FCF Fox Corporate Finance, München und der Deutschen Agentur für Aufsichtsräte, Berlin, Gesellschafter der Wilh. Werhahn KG, Neuss

Landesvorstand Baden-Württemberg und Bundesvorstand der Mittelstands- und Wirtschaftsvereinigung der CDU/CSU (MIT)

- Vize-Präsident Europa der Vereinigung Christlicher Unternehmer (UNIAPAC)

- Gründer und Direktor des Steinbeis-Instituts »Europa der Marktwirtschaften«

Martin Zeil

geb. am 28.04.1956 in München

ist Politiker (FDP) und Jurist.

1984 Eintritt in die Rechtsabteilung des Bankhauses H. Aufhäuser (ab 1998: Hauck & Aufhäuser Privatbankiers) in München

1985 Zulassung als Rechtsanwalt

1998 bis 2008 Leiter der Rechtsabteilung von Hauck & Aufhäuser Privatbankiers, München und Frankfurt/Main

2005 bis 2008 Mitglied des Deutschen Bundestages und dort Mitglied des Ausschusses für Wirtschaft und Technologie

2008 bis 2013 Bayerischer Staatsminister für Wirtschaft, Infrastruktur, Verkehr und Technologie sowie stellvertretender Ministerpräsident des Freistaates Bayern sowie Mitglied des Bayerischen Landtags

Seit 2015 Partner der Anwaltskanzlei SLB Kloepper in München

Ausgewählte Literatur und Quellenangaben

Adenauer, Konrad: Erinnerungen in vier Bänden, Stuttgart 1963.

Admati, Anat; Hellwig, Martin: Des Bankers neue Kleider: Was bei Banken wirklich schiefläuft und was sich ändern muss, München 2013.

Apostolisches Schreiben EVANGELII GAUDIUM des Heiligen Vaters Papst Franziskus an die Bischöfe, an die Priester und Diakone, an die Personen geweihten Lebens und an die christgläubigen Laien über die Verkündigung des Evangeliums in der Welt von heute (Verlautbarungen des Apostolischen Stuhls Nr. 194), Bonn, 24.11.2013, (Libreria Editrice Vaticana, hrsg. vom Sekretariat der Deutschen Bischofskonferenz).

Biedenkopf, Kurt: Wir haben die Wahl, Freiheit oder Vater Staat, Berlin 2011.

Bödecker, Ehrhardt: Preußen und die Marktwirtschaft, 3. Aufl., München 2010.

Böhm, Franz: Entmachtung durch Wettbewerb, Berlin 2007.

Boos, Alfred: Reformüberlegungen für die Rentenversicherung, 1983, S. 525–538, in: Grundtexte zur Sozialen Marktwirtschaft, Band 2, Hrsg.: Hohmann, Karl, Schönwitz, Dietrich, Weber, Hans-Jürgen, Wünsche, Horst Friedrich, Stuttgart 1988.

Caro, Michael K.,: Der Volkskanzler Ludwig Erhard, Köln 1965.

Clark, Christopher: Die Schlafwandler. Wie Europa in den Ersten Weltkrieg zog, München 2013.

Caspari, Volker: Franz Oppenheimer, Ökonom und Soziologe der ersten Stunde, Frankfurt 2014.

Engels, Wolfram: Soziale Marktwirtschaft – Verschmähte Zukunft? Streitschrift wider falsche Propheten mit Bart und Computer, Stuttgart 1972.

Erhard, Ludwig: Kriegsfinanzierung und Schuldenkonsolidierung. Denkschrift von 1943/44, Nachdruck, Berlin 1997.

Erhard, Ludwig: Die CDU und die Wirtschaft, Referat, in: Erster Parteitag der Christlich-Demokratischen Union Deutschlands, Goslar, 20.—22. Oktober 1950, S. 139; abrufbar unter: http://www.kas.de/upload/ACDP/CDU/Protokolle_Bundesparteitage/1950-10-20-22_Protokoll_01.Bundesparteitag_Goslar.pdf.

Erhard, Ludwig: Deutschlands Rückkehr zum Weltmarkt, Düsseldorf 1953.

Erhard, Ludwig: Die Prinzipien der deutschen Wirtschaftspolitik, Vortrag in Antwerpen, 31.05.1954.

Erhard, Ludwig: Rundfunkansprache 12.03.1956, zitiert nach: Habermann, Gerd: Vision und Tat, Ein Ludwig-Erhard-Brevier (2002). Die Selbstzerstörung des Versorgungsstaates, S. 121 ff.; aus: Nicole Munk: Insolvenzprophylaxe für

Deutschland, Wege zur Sanierung von Staat und Wirtschaft, Vision eines zweiten deutschen Wirtschaftswunders, Gabler, Wiesbaden, 2004, S. 74, Anm. 38.

Erhard, Ludwig: Wohlstand für Alle, Rede auf dem 7. Bundesparteitag der CDU, 11.–15. Mai 1957 Hamburg (Protokoll, S. 139–154).

Erhard, Ludwig: Über den Lebensstandard, in: Die Zeit, 14.08.1958, Nr. 33.

Erhard, Ludwig: Die Soziale Markwirtschaft: Ein nach einheitlichen Prinzipien geordnetes Wirtschaftssystem, 1976, S. 17–19, in: Grundtexte zur Sozialen Marktwirtschaft, Band 2, Hrsg.: Hohmann, Karl, Schönwitz, Dietrich, Weber, Hans-Jürgen, Wünsche, Horst Friedrich, Stuttgart 1988.

Erhard, Ludwig: Grundbedingungen einer freiheitlichen Sozialordnung, 1956, S. 13–16, in: Grundtexte zur Sozialen Marktwirtschaft, Band 2, Hrsg.: Hohmann, Karl, Schönwitz, Dietrich, Weber, Hans-Jürgen, Wünsche, Horst Friedrich, Stuttgart 1988.

Erhard, Ludwig: Gedanken aus fünf Jahrzehnten, Reden und Schriften, hrsg. v. Karl Hohmann, Düsseldorf u. a. 1988.

Erhard, Ludwig: Wohlstand für Alle, 8. Auflage 1964 sowie die aktualisierte Neuausgabe 1990, Düsseldorf 1990 u. a.

Erhard, Ludwig: Deutsche Wirtschaftspolitik – Der Weg der Sozialen Marktwirtschaft, Düsseldorf 1992

Erhard, Ludwig; Müller-Armack, Alfred: Soziale Marktwirtschaft – Manifest '72, Frankfurt/M. 1972.

Ermrich, Roland (Hrsg.): 100 Jahre Ludwig Erhard: Das Buch zur Sozialen Marktwirtschaft, Bonn, Düsseldorf 1997.

Eucken, Walter: Grundlagen der Nationalökonomie, Berlin 1965.

Eucken, Walter: Grundsätze der Wirtschaftspolitik, München 1959.

Eucken, Walter: Ordnungspolitik, Berlin 1999.

Fisher, Irving: The Debt-Deflation Theory of Great Depressions, in: Econometrica, New York, Oct. 1933, S. 337–357.

Flossbach, Bert; Vorndran, Philipp: Die Schuldenlawine – Eine Gefahr für unsere Demokratie, unseren Wohlstand und ihr Vermögen, München 2012.

Fuest, Clemens: Die Krise im Euroraum nachhaltig überwinden, vbw-Studie, Mannheim 2014.

Gauck, Joachim: (Rede) bei der Festveranstaltung zum 60-jährigen Bestehen des Walter Eucken Instituts, Freiburg, 16.01.2014; PDF der Rede S. 1, abrufbar unter: http://www.bundespraesident.de/SharedDocs/Downloads/DE/Reden/2014/01/140116-Walter-Eucken-Institut.pdf;jsessionid=F7A03A811C3C2F1B6EFD82CE5025D3F1.2_cid388?__blob=publicationFile.

Geppert, Dominik: Ein Europa, das es nicht gibt, Die fatale Sprengkraft des Euro, mit Vorwort von Udo di Fabio, Berlin, München 2013

Grunenberg, Nina: Die Wundertäter: Netzwerke der deutschen Wirtschaft – 1942–1966, München 2006.

Habermann, Gerd: Die Überwindung des Wohlfahrtsstaates: Ludwig Erhards sozialpolitische Alternative, 1986, in: Grundtexte zur Sozialen Marktwirtschaft, Bd. 2: Das Soziale in der Sozialen Marktwirtschaft, hrsg. von Hohmann, Karl u. a., Stuttgart 1988.

Hank, Rainer; Siedenbiedel, Christian: Lasst dem Geld freien Lauf!, in: FAZ, 29.03.2014, abrufbar unter: http://www.faz.net/aktuell/wirtschaft/wirtschaftspolitik/staatliche-preiskontrollen-lasst-dem-geld-freien-lauf-12870107.html.

Hayek, Friedrich August von: The Road to Serfdom, Chicago 1944.

Hayek, Friedrich August von: Die Verfassung der Freiheit, 3. Aufl., Tübingen 1991.

Heller, Gottfried: Die Wohlstandsrevolution, Düsseldorf 1992.

Heller, Gottfried: Erhards »Unvollendete«: Entfesselung der Wirtschaft statt Bündnis für Arbeit, S. 82–96, in: 100 Jahre Ludwig Erhard, Jubiläumsband der Ludwig-Erhard-Stiftung, Düsseldorf 1997.

Heller, Gottfried: Der einfache Weg zum Wohlstand: Mehr verdienen, weniger riskieren und besser schlafen, München 2012.

Heuser, Uwe Jean: Merkelnomics. Erfolge prägen genauso wie Enttäuschungen, in: Die Zeit, Nr. 37, 14.09.2013.

Hörhan, Gerald: Gegengift: Wie euch die Zukunft gestohlen wird. Was ihr dagegen tun könnt, Wien 2011.

Hoeres, Peter: Frankfurter Allgemeine Langeweile?, in: FAZ, 21.10.2014, S. 22 und 23.

Hohmann, Karl; Gruber, Corinna: Die Marktwirtschaft und ihre intellektuellen Kritiker, München 2014, http://www.romanherzoginstitut.de/uploads/tx_mspublication/RHI_Position_Nr._14.pdf.

Hohmann, Karl; Schönwitz, Dietrich; Weber, Hans-Jürgen; Wünsche, Horst Friedrich (Hrsg.): Grundtexte zur Sozialen Marktwirtschaft, Band 2, Stuttgart 1988.

Hohmann, Karl: Ludwig Erhard (1897–1977). Eine Biographie, Düsseldorf 1997.

Horstmann, Ulrich: Alles, was Sie über Das Kapital von Thomas Piketty wissen müssen, München 2014.

Horstmann, Ulrich: Zurück zur Sozialen Marktwirtschaft. Warum sich Ludwig Erhard im Grabe umdrehen würde, München 2014.

Hulverscheidt, Claus: Eine Frage der Gerechtigkeit! – Ein Pädoyer für ein faires Steuersystem, München 2013.

James, Harold: Der Rückfall: Die neue Weltwirtschaftskrisen, München 2003 (Piper, Erstfassung: The End of Globalization, Cambridge 2001).

Jenaer Aufruf zur Erneuerung der Sozialen Marktwirtschaft, 20. Juni 2008, abrufbar unter: www.60jahresozialemarktwirtschaft.de.

Jespersen, Jesper; Madsen, Mogens Ove (Hrsg.): Keynes's General Theory for Today: Contemporary Perspectives, Cheltenham/UK 2012.

Kennedy, Paul: Aufstieg und Fall der großen Mächte: Ökonomischer Wandel und militärischer Konflikt von 1500 bis 2000, 5. Aufl., Frankfurt/M. 2005.

Kirchhof, Paul: Deutschland im Schuldensog. Der Weg vom Bürgen zurück zum Bürger, München 2012.

Koller, Christine; Siedel, Markus: Geld war gestern – Wie Bitcoin, Regionalgeld, Zeitbanken und Sharing Economy unser Leben verändern werden, München 2014.

Konrad, Kai A.; Zschäpitz, Holger: Schulden ohne Sühne? Warum der Absturz der Staatsfinanzen uns alle trifft, München 2010.

Le Bon, Gustave: Psychologie der Massen, Stuttgart 1982.

Leuschel, Roland; Vogt, Claus: Das Greenspan-Dossier. Wie die US-Notenbank das Weltwährungssystem gefährdet. Oder: Inflation um jeden Preis, 2. Aufl. 2004.

Lincoln, Bruce: Authority: Construction and Corrosion, Chicago 1994.

Marx, Karl: Das Kapital, Kritik der politischen Ökonomie, Stuttgart 1957.

Marx, Reinhard, unter Mitarbeit von Küppers, Arnd: Das Kapital, ein Plädoyer für den Menschen, München 2008.

Merkel, Angela: Rede zum Festakt »125 Jahre gesetzliche Rentenversicherung«, Berlin 02.12.2014, abrufbar unter: http://www.bundesregierung.de/Content/DE/Rede/2014/12/2014-12-02-merkel-gesetzliche-rentenversicherung.html;jsessionid=CDD635F8471A9EF31E86DA1114B1BBCF.s3t1.

Merz, Friedrich: Nur wer sich ändert, wird bestehen. Vom Ende der Wohlstandsillusion – Kursbestimmung für unsere Zukunft, 2. Aufl., Freiburg 2006.

Merz, Friedrich: Mehr Kapitalismus wagen. Wege zu einer gerechten Gesellschaft, München 2008.

Mills, Charles Wright: Die amerikanische Elite, Hamburg 1962.

Mierzejewski, Alfred C.: Ludwig Erhard. Der Wegbereiter der Sozialen Marktwirtschaft. Biografie, Pantheon Verlag, München, 1. Aufl. 2006.

Minsky, Hyman P.: Can »It«" Happen Again? Essays on Instability and Finance, New York 1982.

Minsky, Hyman P.: Stabilizing an unstable Economy, Columbus 1986.

Minsky, Hyman P.: John Maynard Keynes, Marburg 2007 (englische Originalausgabe: New York 1975).

Moog, Stefan; Raffelhüschen, Bernd: Alte Gewinner und junge Verlierer: Ehrbarer Staat? Die Generationenbilanz – Update 2014, Argumente zu Marktwirtschaft und Politik, Nr. 127, Berlin 2014.

Nahles, Andrea: Die Rente mit 63 ist gerecht, Interview der Frankfurter Allgemeinen Sonntagszeitung mit Bundesarbeitsministerin Andrea Nahles, 13. April 2014, S. 13.

Nell-Breuning, Oswald: Soziallehre der Kirche. Erläuterungen der lehramtlichen Dokumente, Wien, 2. erweiterte Auflage 1978.

Oermann, Nils (Hrsg.): Der Euro – eine Karriere? Für Horst Köhler, Freiburg 2013.

Oppenheimer, Franz: Weder Kapitalismus noch Kommunismus, Jena 1932 (Zweite, völlig neu bearbeitete und erweiterte Auflage von: »Kapitalismus, Kommunismus, wissenschaftlicher Sozialismus«).

Osang, Rolf: Das sagte der Bundeskanzler, Prof. Ludwig Erhard in Reden und Interviews, München 1966.

Otte, Max: Der Informationscrash. Wie wir systematisch für dumm verkauft werden, Berlin 2009.

Piketty, Thomas: Das Kapital im 21. Jahrhundert, München 2015; frz. orig.: Le capital au XXIe siècle, Paris 2008.

Raffelhüschen, Bernd: Wir sind das Rentenproblem, in: Börsen-Zeitung, Ausgabe 197, 15.10.2014, S. 2.

Rand, Ayn: Capitalism: The Unknown Ideal, New York 1986.

Rant, Diogenes: Verzockte Freiheit: Wehrt Euch! Politiker und Finanzeliten setzen unsere Zukunft aufs Spiel, München 2014.

Reinhart, Carmen M.; Rogoff, Kenneth S.: Dieses Mal ist alles anders – Acht Jahrhunderte Finanzkrisen, München 2010 (Originalausgabe: This Time is different, Eight Centuries of Financial Folly, New Jersey 2009).

Reppegard, Lars: Das Google-Imperium, Hamburg 2008.

Rhodes, David; Stelter, Daniel: Back to Mesopotamia?, Berlin, London, 2011, abrufbar unter: https://www.bcgperspectives.com/content/articles/management_two_speed_economy_back_to_mesopotamia/.

Rieger, Wilhelm: Einführung in die Privatwirtschaftslehre, Nürnberg 1959.

Röpke, Wilhelm: Jenseits von Angebot und Nachfrage, 1958, Nachdruck, Düsseldorf 2009.

Rothbard, Murray N.: A History of Money and Banking in the United States: The Colonial Era to World War II, Auburn 2002.

Roubini, Nouriel; Mihm; Stephen: Das Ende der Weltwirtschaft und ihre Zukunft, Frankfurt 2010.

Rüstow, Alexander: Die Religion der Marktwirtschaft, Berlin 2009.

Schelsky, Helmut: Die Arbeit tun die anderen, Klassenkampf und Priesterherrschaft der Intellektuellen, Opladen 1975.

Schelsky, Helmut: Funktionäre – Gefährden sie das Gemeinwohl?, 4. Aufl., Stuttgart 1982.

Scheuch, Erwin: K.; Scheuch, Ute: Cliquen, Klüngel und Karrieren. Über den Verfall der politischen Parteien – eine Studie, Hamburg 1993.

Scheuch, Erwin K.; Scheuch, Ute: Die Spendenkrise – Parteien außer Kontrolle, Hamburg 2000.

Schickling, Willi: Entscheidung in Frankfurt – Ludwig Erhards Durchbruch zur Freiheit – 30 Jahre Deutsche Mark – 30 Jahre Soziale Marktwirtschaft, Stuttgart 1978.

Schlippenbach, Luise Gräfin v.: Im Wandel stets dabei, München 2005.

Schröder, Gerhard; Müller-Armack, Alfred; Hohmann, Karl; Gross, Johannes; Altmann, Rüdiger (Hrsg.): Ludwig Erhard, Beiträge zu seiner politischen Biographie, Festschrift zum 75. Geburtstag, Frankfurt/M. 1972.

Schumpeter, Joseph A.: Kapitalismus, Sozialismus und Demokratie, Tübingen und Basel 2005.

Sinn, Hans-Werner: Kasino Kapitalismus: Wie es zur Finanzkrise kam, und was jetzt zu tun ist, 2. Aufl., Berlin 2009.

Sinn Hans-Werner: Die Target-Falle – Gefahren für unser Geld und unsere Kinder, München 2012.

Sinn, Hans-Werner: The Euro Trap, On Bursting Bubbles, Budgets, and Beliefs, Oxford 2014.

Sinn, Hans-Werner: Deutsche verlieren durch Niedrigzinsen 300 Milliarden Euro, in: Focus Money online, Freitag, 05.12.2014, 09:47, abrufbar unter: http://www.focus.de/finanzen/banken/ezb-politik-deutsche-verlieren-durch-niedrigzinsen-300-milliarden-euro_id_4323594.html.

Stützel, Wolfgang; Watrin, Christian; Willgerodt, Hans; Hohmann, Karl (Hrsg.): Grundtexte zur Sozialen Marktwirtschaft, Stuttgart 1981.

Soziale Marktwirtschaft: Die sieben Gebote für Wachstum und Wohlstand, Düsseldorf 2009.

Teufel, Erwin; Mack, Winfried (Hrsg.): Aus der Krise lernen. Auf dem Weg zu einer weltoffenen und humanen Gesellschaft, Freiburg 2014.

Ullrich, Simone und Steffen: Es ist nur Geld – 10 Fehler, mit denen Sie sicher Ihr Vermögen versenken, Frankfurt 2009.

Vaubel, Roland: Der Wettbewerb der Staaten als Erfolgsgeheimnis Europas: Eine Theoriegeschichte, April 2014.

Vershofen, Wilhelm: Wirtschaft als Schicksal und Aufgabe, Reprint Wiesbaden 1950 (Erste Auflage 1929).

Vogt, Bernhard: Franz Oppenheimer, Wissenschaft und Ethik der Sozialen Marktwirtschaft, Bodenheim 1997.

Wagenknecht, Sahra: Freiheit statt Kapitalismus: Über vergessene Ideale, die Eurokrise und unsere Zukunft, Campus, Frankfurt am Main, 2012

Willke, Helmut: Stochern im Nebel, in: brandeins 05/2010, S. 104–107.

Wünsche, Horst-Friedrich: Welcher Marktwirtschaft gebührt das Beiwort »sozial«?, 1986, S. 21–31, in: Hohmann, Karl; Schönwitz, Dietrich; Weber, Hans-Jürgen; Wünsche, Horst Friedrich (Hrsg.): Grundtexte zur Sozialen Marktwirtschaft, Band 2, Stuttgart 1988.

Zeil, Martin: Ist die Marktwirtschaft noch sozial? In: Ifo Schnelldienst 5 2014, 67. Jg., 10.–11. KW, 13.03.2014, S. 26–34.

Anmerkungen

1 Ludwig Erhard, Wohlstand für Alle, S. 157

2 Gerhard Hörhan: Gegengift, S. 22

3 ebd., S. 9 f.

4 Ludwig Erhard, Wohlstand für Alle, S. 252

5 Ludwig Erhard, Wohlstand für Alle, S. 251

6 Bernd Raffelhüschen, Wir sind das Rentenproblem, in: Börsen-Zeitung, Ausgabe 197, 15.10.2014, S. 2

7 »›History never repeats itself but it rhymes,‹ said Mark Twain.« in: Robert Colombo: A Said Poem (Neo Poems, 1970); nach: http://en.wikiquote.org/wiki/Talk:History

8 Gottfried Heller, Der einfache Weg zum Wohlstand, 4. Aufl., 2014, S. 114

9 Gottfried Heller, Erhards »Unvollendete«: Entfesselung der Wirtschaft statt Bündnis für Arbeit, S. 95

10 Petra Nagel, Studie zu »Die Story im Ersten: Steuerfrei – Wie Konzerne Europas Kassen plündern«, TV-Doku, ausgestrahlt am 19.08.2013 in der ARD

11 Gerhard Hörhan: Gegengift, S. 30

12 Ludwig Erhard, Über den Lebensstandard, in: Die Zeit, Nr. 33, 14.08.1958

13 Ludwig Erhard, Wohlstand für Alle, S. 251

14 Ludwig Erhard, Wohlstand für Alle, S. 246

15 Ludwig Erhard, Wohlstand für Alle, S. 252

16 Ludwig Erdhard, Die CDU und die Wirtschaft, Referat, in: Erster Parteitag der Christlich-Demokratischen Union Deutschlands, Goslar, 20.—22. Oktober 1950, S. 139; abrufbar unter: http://www.kas.de/upload/ACDP/CDU/Protokolle_Bundesparteitage/1950-10-20-22_Protokoll_01.Bundesparteitag_Goslar.pdf

17 Ludwig Erhard, Wohlstand für Alle, S. 148

18 Ludwig Erhard: Wohlstand für Alle, Rede auf dem 7. Bundesparteitag der CDU, 11.-15. Mai 1957 Hamburg (Protokoll, S. 153)

19 Ludwig Erhard: Die Soziale Marktwirtschaft in der gedämpften Weltkonjunktur, Rede vor dem 2. Wirtschafstag der CDU am 10. April 1959 in Hannover, S. 428/429, in: Ludwig Erhard: Deutsche Wirtschaftspolitik – Der Weg der Sozialen Marktwirtschaft, Düsseldorf 1992.

20 Uwe Jean Heuser, Merkelnomics. Erfolge prägen genauso wie Enttäuschungen, in: Die Zeit, Nr. 37, 14.09.2013

21 Hayek, Die Verfassung der Freiheit, S. 483

22 Andrea Nahles, Die Rente mit 63 ist gerecht, Interview der Frankfurter Allgemeinen Sonntagszeitung mit Bundesarbeitsministerin Andrea Nahles, 13. April 2014, S. 13

23 » ... schrieb vor der Gründung der EWG Ludwig Erhard an Konrad Adenauer«, zitiert nach: Otto Schlecht: Eurogeld: Vorteile sehen und Vertrauen schaffen, Die Welt, 12.12.1995

24 Angela Merkel, Rede zum Festakt »125 Jahre gesetzliche Rentenversicherung«, Berlin 02.12.2014, abrufbar unter: http://www.bundesregierung.de/Content/DE/Rede/2014/12/2014-12-02-merkel-gesetzliche-rentenversicherung.html;jsessionid=CDD635F8471A9EF31E86DA1114B1BBCF.s3t1

25 Hans-Werner Sinn, Deutsche verlieren durch Niedrigzinsen 300 Milliarden Euro, in: Focus Money online, Freitag, 05.12.2014, 09:47, abrufbar unter: http://www.focus.de/finanzen/banken/ezb-politik-deutsche-verlieren-durch-niedrigzinsen-300-milliarden-euro_id_4323594.html

26 Gottfried Heller, Der einfache Weg zum Wohlstand: Mehr verdienen, weniger riskieren und besser schlafen, München 2012

27 ETF = Exchange Traded Funds, dt.: an einer Börse gehandelte Investmentfonds

28 Ludwig Erhard, Rundfunkansprache 12.03.1956, zitiert nach: Habermann, Gerd: Vision und Tat, Ein Ludwig-Erhard-Brevier (2002). Die Selbstzerstörung des Versorgungsstaates, S. 121 ff.; aus: Nicole Munk: Insolvenzprophylaxe für Deutschland, Wege zur Sanierung von Staat und Wirtschaft, Vision eines zweiten deutschen Wirtschaftswunders, Gabler, Wiesbaden, 2004, S. 74, Anm. 38

29 zum Teil übernommen aus: Horstmann, Ulrich: Zurück zur Sozialen Marktwirtschaft!, München 2014

30 ausführlicher zum Lebenslauf: Karl Hohmann: Ludwig Erhard, S. 3 f. und A. C. Mierzejewski, Ludwig Erhard, S. 13 f.

31 Ludwig Erhard, Denkschrift 1943/44, S. VIII, Vorwort

32 vgl. u. a. A. C. Mierzejewski, Ludwig Erhard, S. 20

33 Ludwig Erhard, Denkschrift 1943/44, S. IX, Vorwort

34 Ludwig Erhard Denkschrift 1943/44, S. IX, Vorwort

35 Theodor Eschenburg: Aus persönlichem Erleben ..., in einem Beitrag zur Denkschrift 1943/44, S. XVII

36 Carl Goerdeler in seinem Memorandum: Die Aufgaben der deutschen Zukunft, vgl. Wolfram Langer: Ausblick auf Wohlstand für Alle, XXX, in: Ludwig Erhard: Wohlstand für Alle, Neuausgabe 1990

37 A. C. Mierzejewski, Ludwig Erhard, S. 22

38 zitiert aus: Karl Hohmann: Ludwig Erhard, S. 5

39 Ludwig Erhard, Gedanken aus fünf Jahrzehnten, S. 858–864

40 Franz Oppenheimer: Weder Kapitalismus noch Kommunismus, S. 183

41 Karl Hohmann, Ludwig Erhard, S. 5

42 A. C. Mierzejewski: Ludwig Erhard, S. 30

43 Luise Gräfin v. Schlippenbach: Im Wandel stets dabei, S. 110

44 Alexander Rüstow: Die Religion der Marktwirtschaft, S. 32, 36

45 vgl. Ludwig Erhard, Gedanken aus fünf Jahrzehnten, S. 858–864, hier ist die Rede nur gekürzt wiedergegeben

46 Peter Hoeres: Frankfurter Allgemeine Langeweile?, in: FAZ, 21.10.2014, S. 22 und 23

47 »Der Volkswirt«, Nr. 50, 16.12.1949

48 Rede vor dem zweiten Parteikongress der CDU der britischen Zone: »Marktwirtschaft im Streit der Meinungen«

49 zitiert aus: Kurt Simon: Erhards große Stunden, www.zeit.de, 02.12.1966

50 vgl. Stefen Merx: Ein junger US-Leutnant zog die Fäden, 15.06.2008, www.welt.de

51 Konrad Adenauer im ersten Band seiner Memoiren, S. 208 ff.

52 vgl. dazu Gerd Bucerius: Hintergründe eines Wirtschaftswunders, ein Beitrag zum Fall Schacht, 03.04.1947, in: www.zeit.de

53 zitiert aus Nina Grunenberg: Die Wundertäter, S. 114, anhand eines Interviews vom 3.12.2002

54 Schlippenbach, S. 51

55 Ludwig Erhard, Wohlstand für Alle, S. 138

56 Ludwig Erhard: Gedanken aus fünf Jahrzehnten, S. 629

57 vgl. Nina Grünenberg: Die Wundertäter, S. 162

58 siehe Alfred C. Mierzejewski: Ludwig Erhard, S. 219

59 vgl. Willi Schickling: Entscheidung in Frankfurt, S. 85

60 Der Spiegel, 25/1983, S. 76–77

61 Ludwig Erhard, Alfred Müller-Armack, (Hrsg.): Soziale Marktwirtschaft – Ordnung der Zukunft, 1972, S. 171

62 zitiert aus: Robert Nef und Bernhard Ruetz: Wie der jüdische US-Offizier Edward A. Tenenbaum vor 60 Jahren den Deutschen zur D-Mark verhalf, www.juedische-allgemeine.de, 19.06.2008

63 jeweils zitiert aus: David Schoenbaum: Ziehvater der D-Mark, www.zeit.de, 22.06.1990

64 zitiert aus der Rede von Hans Tietmeyer am 20. Juni 1998, http://www2.hu-berlin.de

65 Ludwig Erhard, Festschrift zum 75. Geb., S. 40/41

66 vgl. einschließlich des Zitates von Julia Dingwort-Nusseck: Nina Grünenberg: Die Wundertäter, S. 159

67 vgl. Luise Gräfin v. Schlippenbach: Im Wandel stets dabei, S. 54, zitiert aus der Festschrift für Erhard zu seinem 75. Geburtstag, S. 636

68 Kurt Biedenkopf, Wir haben die Wahl, Vorwort, S. 11 f.

69 Der Spiegel 37/1975, S. 22

70 Ludwig Erhard und Alfred-Müller Armack: Soziale Marktwirtschaft – Manifest '72, S. 147

71 Sahra Wagenknecht, Freiheit statt Kapitalismus: Über vergessene Ideale, die Eurokrise und unsere Zukunft, Campus, Frankfurt am Main, 2012

72 Ulrich Horstmann, Zunächst lesenswert, schwacher zweiter Teil (›kreativer Sozialismus‹), Rezension von: Sahra Wagenknecht, Freiheit statt Kapitalismus: Über vergessene Ideale, die Eurokrise und unsere Zukunft, Campus, Frankfurt am Main, 2012; Rezension vom 26.11.2014 auf Amazon, abrufbar unter: http://www.amazon.de/product-reviews/342334783X/ref=cm_cr_pr_hist_3?ie=UTF8&filterBy=addThreeStar&showViewpoints=0&sortBy=byRankDescending

73 Ludwig Erhard, Wohlstand für Alle, S. 339

74 Franz Böhm, Entmachtung durch Wettbewerb, S. 86

75 Ludwig Erhard, Die Prinzipien der deutschen Wirtschaftspolitik, Vortrag in Antwerpen, 31.05.1954

76 Ludwig Erhard, Rede in Antwerpen, 1954, s. o.

77 Ludwig Erhard, Die Soziale Marktwirtschaft. Ein nach einheitlichen Prinzipien geordnetes Wirtschaftssystem, S. 19

78 Walter Eucken (zitiert aus: Jenaer Aufruf zur Erneuerung der Sozialen Marktwirtschaft vom 20. Juni 2008, S. 8/9)

79 FAZ, 13.01.2014, S. 7

80 Gottfried Heller, vgl. portfolio institutionell newsflash, 22.04.2013 in portfolio-institutionell.de

81 FAZ, 13.01.2014, S. 7

82 Karl Marx: Das Kapital, S. 389 f., zitiert aus Harold James: Der Rückfall, S. 48

83 Ulrich Horstmann: Zuruck zur Sozialen Marktwirtschaft, S. 35 f.

84 Paul Kirchhof, Geldeigentum und Geldpolitik, FAZ, 12.01.2014

85 Ludwig Erhard, Wohlstand für Alle, S. 372

86 Ludwig Erhard: Wohlstand für Alle, S. 262

87 siehe dazu: Ludwig Erhards Wohlstand für Alle, Erst-Edition 1957: neueste Ausgabe: Anaconda-Verlag 2009, Köln, Kapitel 12

88 siehe auch Fides Krause-Brewer!

89 dazu siehe: Alfred Boos, Reformüberlegungen für die Rentenversicherung, 1983, S. 525–538

90 siehe dazu: Ludwig Erhard, Wohlstand für Alle, Kapitel XII: Versorgungsstaat – Der moderne Wahn

91 Ludwig Erhard, Alfred Müller-Armack, Soziale Marktwirtschaft, 1972, S. 116

92 Luise Gräfin v. Schlippenbach, Im Wandel stets dabei, S. 108

93 Ludwig Erhard, Wohlstand für Alle, S. 14, lesenswert zur Sozialpolitik Erhards ist vor allem Kapitel XII, Versorgungsstaat – der moderne Wahn, S. 245 f.

94 Wohlstand für Alle, S. 246, 247

95 Alfred Boos, S. 533 f. mit einer radikalen, einer mittleren Variante und einer Minimallösung

96 Stephan Werhahn, in enger Anlehnung an Stefan Moog, Bernd Raffelhüschen: Alte Gewinner und junge Verlierer, 2014

97 Stephan Werhahn in enger Anlehnung an: Stefan Moog, Bernd Raffelhüschen: Alte Gewinner und junge Verlierer: Ehrbarer Staat? Die Generationenbilanz – Update 2014, Argumente zu Marktwirtschaft und Politik, Nr. 127, Berlin, Oktober 2014, 5. Fazit, auf S. 18

98 Ludwig Erhard, Deutsche Wirtschaftspolitik, S. 352

99 Joe Kaeser: Eigentum hält gute Mitarbeiter, in: HB, 6./.7./8.12.2013, S. 80, Joe Kaeser: Die Kultur des verpflichtenden Eigentums, www.diepresse.com, 11.01.2014

100 Gerald Braunberger: Völlig von der Rolle, FAZ, 05.12.2013, S. 1

101 Ludwig Erhard, Deutsche Wirtschaftspolitik, S. 151

102 www.welt.de, 15.03.2008

103 Ludwig Erhard, Wohlstand für Alle, S. 15, 16

104 Ludwig Erhard, Deutsche Wirtschaftspolitik, S. 578

105 Ludwig Erhard, Wohlstand für Alle, S. 250

106 Ludwig Erhard, Wohlstand für Alle, 1990, S. 363

107 Gerd Habermann, S. 35

108 Ludwig Erhard, Wohlstand für Alle, S. 251 f.

109 zitiert aus: Kurt Biedenkopf: Wir haben die Wahl

110 Kurt Biedenkopf, Wir haben die Wahl, S. 55

111 Kurt Biedenkopf, Wir haben die Wahl, S. 72 f.

112 Kurt Biedenkopf, Wir haben die Wahl, S. 105; Erhard lehnte Wachstum als Ziel der Wirtschaftspolitik ab

113 Kurt Biedenkopf, Wir haben die Wahl, S. 109 ff.

114 Ludwig Erhard, Wohlstand für Alle, S. 283

115 Ludwig Erhard, Wohlstand für Alle, S. 353

116 Ulrich Horstmann: Zurück zur Sozialen Marktwirtschaft, S. 167 f.

117 Ludwig Erhard, Wohlstand für Alle, S. 308–310

118 Diesen Begriff prägte Charles Wright Mills

119 vgl. dazu Hans-Werner Sinn: Man könnte »Schrott« sagen, in: HB, 06.11.2014, S. 48

120 Roland Vaubel, Der Wettbewerb der Staaten als Erfolgsgeheimnis Europas: Eine Theoriegeschichte, 2014

121 siehe dazu: Philip Plickert, in: FAZ vom 17.10.2013, S. 15

122 Ludwig Erhard, Rede anlässlich der Verleihung des Karlspreises an Edward Heath, Aachen, 23.05.1963; abrufbar unter: http://www.karlspreis.de/de/preistraeger/edward-heath-1963/rede-von-dr-ludwig-erhard-bundesministers-fuer-wirtschaft-und-vizekanzler

123 Ludwig Erhard, Stockholmer Rede, 23.03.1963, in: Gedanken aus fünf Jahrzehnten, S. 797, 804 f.

124 A. C. Mierzejewski, Ludwig Erhard, S. 70 f.

125 zitiert aus: Mierzejewski, A. C.: Ludwig Erhard, S. 261

126 Luwig Erhard: Die Soziale Marktwirtschaft. Ein nach einheitlichen Prinzipien geordnetes Wirtschaftssystem, S. 17–19

127 Horst Wünsche: Welcher Marktwirtschaft gebührt das Beiwort »sozial«, S. 21

128 Ludwig Erhard, Grundbedingungen einer freiheitlichen Sozialordnung, S. 14

129 Gerald Hörhan: Gegengift, S. 186 f.

130 Gerald Hörhan: Gegengift, S. 187

131 Joseph A. Schumpeter, Kapitalismus, Sozialismus und Demokratie, Tübingen und Basel 2005, 7. Kapitel, S. 134

132 Ludwig Erhard mit Alfred Müller-Armack, Soziale Marktwirtschaft, S. 148

133 Vortrag (in einer vom Verfasser bearbeiteten auszugsweisen Fassung) anlässlich der von der Thomas-Dehler-Stiftung ausgerichteten Feierlichkeiten zum Gedenken an Thomas Dehler in Lichtenfels am 20.07.2014

134 1990 wurde die Soziale Marktwirtschaft zum ersten Mal in einem Verfassungsdokument erwähnt und zugleich als gemeinsame Wirtschaftsordnung beider deutscher Staaten festgelegt, vgl. »Vertrag über die Schaffung einer Währungs-, Wirtschafts- und Sozialunion zwischen der Bundesrepublik Deutschland und der Deutschen Demokratischen Republik (Staatsvertrag)« vom 18. Mai 1990, Kapitel I, Artikel 1 Absatz 3, abrufbar unter: http://www.gesetze-im-internet.de/wwsuvtr/

135 vgl. Art.3 Absatz 2 Satz 2 des EU-Vertrages in der Fassung aufgrund des am 1.12.2009 in Kraft getretenen Vertrages von Lissabon (Konsolidierte Fassung bekanntgemacht im ABl. EG Nr. C 115 vom 9.5.2008, S. 13), abrufbar unter: http://dejure.org/gesetze/EU/3.html

136 vgl. zu Zahlen und Beispielen unter Ziff. 1 – 3 Informationsdienst des Instituts der deutschen Wirtschaft, (iwd) , Köln, Jg.34, Nr. 25 vom 19.06.2008, S. 4f.

137 vgl. »Lebenslagen in Deutschland«, Der Vierte Armuts- und Reichtumsbericht der Bundesregierung, März 2013, abrufbar unter: https://www.bmas.de/SharedDocs/Downloads/DE/PDF-Publikationen-DinA4/a334-4-armuts-reichtumsbericht-2013.pdf?__blob=publicationFile

138 Ludwig Erhard, Wohlstand für Alle, S. 290

139 Ludwig Erhard, Wohlstand für Alle, ebenda

140 Ludwig Erhard, Wohlstand für Alle, ebenda

141 Ludwig Erhard, zitiert nach Luise Gräfin Schlippenbach, Im Wandel stets dabei, S. 108

142 Die Zahlen sind den jeweiligen Statistiken und Verlautbarungen der Bundesagentur für Arbeit entnommen, abrufbar unter http://statistik.arbeitsagentur.de/

143 Ludwig Erhard, Wohlstand für Alle, S. 290

144 Die Zahlen sind den jeweiligen Statistiken und Verlautbarungen der Bundesagentur für Arbeit entnommen, abrufbar unter http://statistik.arbeitsagentur.de/

145 vgl. Plenarprotoll des Bundesrates, 924. Sitzung vom 11.07.2014, S. 210 C, abrufbar unter: http://www.bundesrat.de/SharedDocs/downloads/DE/plenarprotokolle/2014/Plenarprotokoll-924.pdf?__blob=publicationFile&v=2

146 vgl. Rainer Hank, Christian Siedenbiedel, Lasst dem Geld freien Lauf!, in: FAZ, 29.03.2014, abrufbar unter: http://www.faz.net/aktuell/wirtschaft/wirtschaftspolitik/staatliche-preiskontrollen-lasst-dem-geld-freien-lauf-12870107.html

147 vgl. Rainer Hank, Christian Siedenbiedel, Lasst dem Geld freien Lauf!, in: FAZ, 29.03.2014, abrufbar unter: http://www.faz.net/aktuell/wirtschaft/wirtschaftspolitik/staatliche-preiskontrollen-lasst-dem-geld-freien-lauf-12870107.html

148 Franz Böhm, Entmachtung durch Wettbewerb, 1961, S.22

149 Rainer Hank, Christian Siedenbiedel, Lasst dem Geld freien Lauf!, in: FAZ, 29.03.2014, abrufbar unter: http://www.faz.net/aktuell/wirtschaft/wirtschaftspolitik/staatliche-preiskontrollen-lasst-dem-geld-freien-lauf-12870107.html

150 Ludwig Erhard, Wohlstand für Alle, S. 165

151 Manche Berechnungen kommen im Zeitraum bis 2030 sogar auf einen Betrag von € 230 Milliarden, vgl. Berechnungen der FDP-Fraktion im Landtag von NRW, abrufbar unter: http://www.fdp-fraktion-nrw.de/sites/default/files/bilder/150205_%20Abschaffung_Solidaritätszuschlag_Handout.pdf

152 z.B. Hanns-Joachim Rüstow, Gewinnbesteuerung und Einkommensverteilung, in FinanzArchiv / Public Finance Analysis, New Series, Bd. 14, H. 2 (1953/54), S. 360-366

153 Paul Kirchhof, Bundessteuergesetzbuch, 2011, abrufbar unter: http://docs.dpaq.de/16-kirchhof_bstgb_sonderdruck.pdf

154 Zu den näheren Einzelheiten vgl. das vom Verfasser federführend erarbeitete Bayerische Energiekonzept »Energie Innovativ« der Bayerischen Staatsregierung vom 24.Mai 2011, abrufbar unter :http://www.stmwi.bayern.de/fileadmin/user_upload/stmwivt/Themen/Energie_und_Rohstoffe/Dokumente_und_Cover/Bayerisches_Energiekonzept.pdf

155 Kommission »Zukunft Soziale Marktwirtschaft« (Hrsg.): Soziale Marktwirtschaft – Ordnung ohne Alternative, Abschlussbericht, München, 14.Juli 2009, S. 18; abrufbar unter: https://www.cesifo-group.de/portal/pls/portal/!PORTAL.wwpob_page.show?_docname=1122552.PDF

156 Kommission »Zukunft Soziale Marktwirtschaft« (Hrsg.): Soziale Marktwirtschaft – Ordnung ohne Alternative, Abschlussbericht, München, 14.Juli 2009, S. 17; abrufbar unter: https://www.cesifo-group.de/portal/pls/portal/!PORTAL.wwpob_page.show?_docname=1122552.PDF

157 Ludwig Erhard, Wohlstand für Alle, 1964, S. 297

158 Ludwig Erhard, Wohlstand für Alle, 1964, S. 297/298

159 Joachim Gauck, (Rede) bei der Festveranstaltung zum 60-jährigen Bestehen des Walter Eucken Instituts, Freiburg, 16.01.2014; PDF der Rede S. 1, abrufbar unter: http://www.bundespraesident.de/SharedDocs/Downloads/DE/Reden/2014/01/140116-Walter-Eucken-Institut.pdf;jsessionid=F7A03A811C3C2F1B6EFD82CE5025D3F1.2_cid388? blob=publicationFile

160 Handelsblatt, 15.02.2014

161 Böll, Sven; Knaup, Horand; Müller, Peter; Repinski, Gordon; Traufetter, Gerald: Der rote Erhard, in: Der Spiegel, Nr. 4, 20.01.2014, S. 26–28; abrufbar unter: http://magazin.spiegel.de/EpubDelivery/spiegel/pdf/124554460

162 Kretschmann wirbt um »Liberale im besten Sinne«, in: Die Welt, 13.07.2014, abrufbar unter: http://www.welt.de/newsticker/dpa_nt/regiolinegeo/badenwuerttemberg/article130099008/Kretschmann-wirbt-um-Liberale-im-besten-Sinne.html

163 Nach Zeitungsberichten war Erhard nicht einmal Mitglied der CDU, vgl. »Die Welt« vom 25.07.2007 abrufbar unter: http://www.welt.de/politik/article834316/Der-Kanzler-der-nie-Mitglied-seiner-Partei-war.html

164 Thomas Piketty, Das Kapital im 21. Jahrhundert, München 2015; frz. orig.: Le capital au XXIe siècle, Paris 2008, dazu die Kritik von Horstmann in »Alles, was Sie über das Kapital im 21. Jahrhundert von Thomas Piketty wissen müssen«

165 Böhm, Franz; Eucken, Walter: ORDO, Jahrbuch für die Ordnung von Wirtschaft und Gesellschaft. Band 1, Düsseldorf, München 1948, Vorwort, S. XI; bibliografische Angabe nach: http://www.eucken.de/freiburger-tradition/walter-eucken/bibliographie.html, zitiert nach: Pies, Ingo: Eucken und Hayek im Vergleich: zur Aktualisierung der ordnungspolitischen Konzeption, Tübingen 2001, S. 157, Anm. 22

166 Thomas Dehler, Zitat aus einer Rede auf dem 5. Bundesparteitag der FDP in Wiesbaden 1954, Archiv der Friedrich-Naumann Stiftung für die Freiheit, abrufbar unter: http://www.politik-fuer-die-freiheit.de/webcom/show_page.php/_c-382/_nr-8/i.html